LEAN on English GRAMMAR

BIG 5

Simple Present
Present Continuous
Simple Past
Present Perfect
Will-Future

LEAN
= schlank, schmal, knapp
Lean-Konzept: zielgerichtet auf
Optimierung, Verbesserung

LEAN on
= sich auf etwas stützen, sich anlehnen

Ebenfalls von Birgit Kasimirski erschienen:

Englische Grammatik. Regeln, Beispiele, Übungen für ein fehlerfreies Englisch (Anaconda Verlag) ISBN: 978-3730603178

Englisch Lernen für Erwachsene schnell und einfach: Praxisnah Englisch lernen. Mit Grammatik, durchdachten Übungen, Erklärungen, Vokabeln und Audioinhalten (BrainBook Verlag) ISBN: 978-3968901039

BIRGIT KASIMIRSKI

LEAN on English GRAMMAR

BIG 5

Fünf Zeiten richtig anwenden und sicher auf Englisch kommunizieren

Bibliografische Information der Deutschen Nationalbibliothek:
Die Deutsche Nationalbibliothek verzeichnet diese Publikation in der Deutschen Nationalbibliografie; detaillierte bibliografische Daten sind im Internet über dnb.dnb.de abrufbar.

Proofreading: Rebecca Deacon
Herstellung und Verlag: BoD Books on Demand, Norderstedt

ISBN: 978-3-7568-8924-2

Für Neela und Emil

THE IMPORTANCE OF LANGUAGE

DIE BEDEUTUNG VON SPRACHE

´Language is powerful: it enables large, organised collections of people to live together, to cooperate, to experience joy and wit and to improve the human condition. It is a thing to celebrate.`

´Language is connected to peoples senses of self and their sense of power. There is a lot of grammar insecurity.`[1]

Dem gibt es nichts hinzuzufügen: Sprache verbindet. Wenn Du in der Lage bist, auf Englisch zu kommunizieren, dann kannst Du Dich mit Menschen überall auf der Welt verbinden.

---

[1] Zitate von Ellen Jovin, Autorin von ´REBEL with a CLAUSE` und Inhaberin des ´Grammar Table`, New York

TABLE OF CONTENTS

INHALTSVERZEICHNIS

PREFACE

VORWORT

FINALLY.

Endlich entsteht das Buch, das ich immer schon schreiben wollte – noch bevor meine beiden anderen Bücher (2017 und 2021) entstanden. Doch es kommt ja meistens anders, als man denkt.

Nun also endlich im dritten Anlauf. ´Gut Ding hat Weile`. Das gilt auch für das Erlernen einer Fremdsprache. Du brauchst Durchhaltevermögen. Du wirst nicht immer motiviert sein, aber wichtig ist, Dein Ziel nicht aus den Augen zu verlieren. Kannst Du ein konkretes Ziel formulieren, wenn es um Englisch geht? Möchtest Du endlich sicherer sprechen?

Mein Ziel ist es, seitdem ich mein Wissen über die englische Sprache vermittle, Menschen ganz pragmatisch und unmittelbar zu mehr Sicherheit mit Englisch zu verhelfen. Dabei verlasse ich mich vor allem auf Erfahrung und Menschenverstand. Ich stütze mich weniger auf Theorien, wähle nicht den akademischen Ansatz, obwohl ich Anglistik mit Schwerpunkt Linguistik studiert habe. Viel wichtiger ist für mich meine alltägliche Arbeit aus über 20 Jahren mit Lernenden der englischen Sprache.

Meine Muttersprache ist Deutsch, aber ich schreibe über Englisch. Das mag befremdlich klingen, aber aus dem Blickwinkel der deutschen Sprache finde ich Wege, Dir verständlich zu machen, warum manche Regeln scheinbar so schwer umzusetzen sind. Ich kenne die Stolperfallen, ich habe verstanden, warum ein Satz ohne *will* für Deutsche auch okay klingt. Ich helfe Dir dabei, Fehler, die ich gemacht habe, zu vermeiden. Kurzum: Ich kenne mich mit der englischen

Grammatik viel besser aus als mit der deutschen. Zudem habe ich mehr als einmal in meinem Leben außergewöhnliche Wege gesucht und gefunden, vermutlich ist es mit meinem Englisch-Ansatz genauso.

Ich bin – offensichtlich – Fan der englischen Grammatik und mein Anliegen ist es, Dir einen Zugang zum Thema zu verschaffen, Dich zu motivieren und aufzuzeigen: Es ist nicht so kompliziert, wie Du vielleicht denkst. Gewusst wie – darauf kommt es an. Und wenn Du dann noch Spaß an der Sache entwickeln kannst, dann kommt der Lernfortschritt viel eher von alleine. Auf den folgenden rund 100 Seiten erwartet Dich die englische Grammatik auf den Punkt gebracht. Die Tatsache, dass Du mein Buch gekauft hast, macht Dich nicht zu einem Grammatik-Fan, aber es zeigt, Du hast verstanden: Ganz ohne Grammatik-Kenntnisse geht es nicht.

Englisch ist eine Kompetenz, die überall im Berufsumfeld gebraucht wird, mehr denn je. Ich schaffe es hoffentlich, dass ein bisschen von meiner Englisch-Affinität und meiner Begeisterung für die Sprache auf Dich überspringt und Du davon profitieren kannst. Sehr wahrscheinlich hast Du Vorkenntnisse in Englisch. Du stehst an einem sehr individuellen Punkt. Finde für Dich heraus, was Du bereits gut kannst. Ich hoffe aber, – und das ist sehr wahrscheinlich, – dass Du in diesem Buch ein paar für Dich neue und nützliche Dinge erfährst, die Dich in Deiner Englisch-Kompetenz spürbar nach vorne bringen. Bezüglich der Anrede von Frau und Mann, werde ich versuchen, immer neutral zu formulieren. Jedoch erlege ich mir keine strikten Gender-Regeln auf.

INTRODUCING LEAN GRAMMAR

EINFÜHRUNG IN SCHLANKE GRAMMATIK

Soviel wie nötig – und so wenig wie möglich. Die englische Grammatik umfasst viele Aspekte. Dabei kann es gut passieren, dass Du Dich als Lernende/r überfordert fühlst. Wo sollst Du anfangen? Sechs Möglichkeiten, über Zukunft zu sprechen? Da hast Du schon keine Lust mehr, bevor Du überhaupt angefangen hast.

Ich kann mich erinnern, dieses Gefühl hat mich in Lernsituationen (Schule, Uni) gestresst: wenn mir vermittelt wurde ´Da liegt noch jede Menge Stoff vor Dir, den Du auch noch beherrschen solltest!` Puh… Da lag meine Motivation am Boden.

Aus diesem Grund ist es mein Bestreben, wichtige Dinge herauszustellen, mit denen schnell gute Fortschritte erzielt werden können, um 1. festzustellen ´Es geht voran` und 2. motiviert zu bleiben. Ganz nebenbei finde ich, es ist in diesem Falle mein Job, diese Auswahl zu treffen – *Was ist gerade am wichtigsten*? Denn, meiner Meinung nach, ist eine Gewichtung von Aspekten der Grammatik möglich. Nicht alle Aspekte verwenden wir gleich häufig.

Und so hat sich in meinem Kopf schon vor Jahren ein Bild zusammengefügt, in dem sich einige Zeiten der englischen Grammatik *vor* andere schieben – die BIG 5. Ich befürchte, dass einige Sprachwissenschaftler/innen meinen Ansatz ´platt` oder ´banal` finden könnten, aber, wie gesagt, für mich steht immer *das* im Mittelpunkt, *was Lernenden tatsächlich weiterhilft.*

Daher an alle, die das ´banal` oder ´platt` finden mögen: „Fair enough!" Nicht Jede/r tut sich leicht mit Sprache! Niemand muss wirklich wissen, wie Zeiten heißen, die wenigsten

Lernenden können sich die Bezeichnungen merken, und genau aus diesem Grund versuche ich, Eselsbrücken zu schaffen, Zeiten ′greifbarer‵, ′nahbarer‵ zu machen. Das heißt aber nicht, dass ich dafür plädiere *einfach* – im Sinne von schlicht – zu kommunizieren. Mir geht es darum, Menschen einen Weg aufzuzeigen, wie sie *richtig gut und sicher kommunizieren*. Falls Du gerne mehr zu meiner Motivation und persönlichem Werdegang erfahren möchtest, findest Du das in *Chapter Six Über mich*.

Ich als Expertin muss – und möchte – mich im Detail mit meinem Thema auskennen und habe bereits *alle Aspekte zur englischen Grammatik* in zwei Büchern präsentiert. In diesem Buch aber geht es um die *Essenz der englischen Sprache*. Ich möchte eine solide Grundlage schaffen, ein Gerüst aufstellen, es plastisch machen, einen Zugang ermöglichen. Sicherheit geben.

Mit diesem Buch biete ich Dir Sicherheit auf Englisch. Ich filtere das Wichtigste aus der englischen Grammatik heraus und leite Dich an, ans Sprechen zu kommen. Und ich rate Dir, schaue Dir in einem zweiten Schritt die weiteren Aspekte der Grammatik an, die Dich zurzeit vielleicht eher überfordern.

Die **BIG 5** verwenden wir im englischen Sprachgebrauch im Alltag in der Regel am häufigsten: **1 Simple Present 2 Present Continuous 3 Simple Past 4 Present Perfect 5 Will-Future**.

Learning = Repeating. Klingt einfach und ich behaupte, das ist es auch. Indem Du diese fünf Zeiten immer wiederholst, sie verwendest und zu den zentralen Zeiten Deiner Kommunikation auf Englisch machst, erarbeitet Du Dir eine sichere Basis. Wiederhole und gewöhne Dein Gehirn an die Strukturen, sei Dir sicher, wie es heißen sollte und Dein Gehirn wird Dich zunehmend damit belohnen, Informationen und Formulierungen automatischer und richtiger abzurufen. Und weitere Zeiten wie Past Continuous, Past Perfect und die anderen Zukunfts-Optionen werden Dir im Anschluss leichter fallen.

Lernprozesse laufen ähnlich ab: Wir erfahren etwas Neues, wir versuchen, es zu behalten, je öfter wir wiederholen, umso automatischer sind wir dazu in der Lage, es anzuwenden, weil Verbindungen im Gehirn aufgebaut wurden. Mit diesem Bild vor Augen und der Information, dass Du – für den Moment – alle anderen Zeiten der englischen Grammatik einmal hintenanstellen darfst, möchte ich in diesem Buch gerne mit Dir arbeiten. Ich hoffe, dass Dir dieser Ansatz hilft, zukünftig richtig gut und sicher auf Englisch zu kommunizieren.

Just do it. Dieser Slogan vermittelt mir: Gute Dinge sind sehr oft einfach, nicht kompliziert oder, anders ausgedrückt: Viele einfache Dinge sind oft sehr gut.

STRUCTURE OF THE BOOK

AUFBAU DES BUCHES

In diesem Buch dreht sich alles um diese BIG 5 der englischen Grammatik:

Simple Present BIG 1
*I **learn** English…*
Present Continuous BIG 2
*I **am learning** English…*
Simple Past BIG 3
*I **learned** English…*
Present Perfect BIG 4
*I **have learned** English…*
Will-Future BIG 5
*I **will learn** English…*

Ich gehe auf jede dieser Zeiten ein in *Chapter One, Chapter Two, Chapter Three, Chapter Four* und *Chapter Five*. Du erfährst,

*

- wann Du diese Zeit benutzt.
- welche Signalwörter es gibt.
- wie Du Aussagen, negative Sätze, Fragen bildest.
- welche Ausnahmen es gibt.
- worauf Du im Besonderen achten musst.
- wie sich die Zeit von anderen abgrenzt.

*

Am Ende von jedem dieser Chapter findest Du eine Übersicht *Repeating = Learning,* also das Wichtigste auf einer Seite zusammengefasst. Im Anschluss folgt immer *Test Yourself* – ein paar Übungssätze für Dich. Die Lösungen stehen jeweils direkt im Anschluss. Am Ende von *Chapter Five* ist ein QR-Code abgedruckt, der Dich zu einer Übung weiterleitet: Bitte wähle aus allen BIG 5 aus!

Chapter Six bietet Dir einen Überblick über alle weiteren Aspekte und Zeiten der englischen Grammatik. Zum Ende des Buches findest Du unter *FAQ + Tips* noch ein paar nützliche Hinweise, sowie unter *Common irregular verbs* eine Auflistung der häufigsten unregelmäßigen Verben. Bevor Du mit *Chapter One* startest, schaue Dir gerne im *Glossary* die Begriffserläuterungen an.

Dieser Aufbau bietet allen Lernenden hoffentlich die Möglichkeit, selbst zu entscheiden, wo sie/er starten möchte. Aus meiner Erfahrung kann ich sagen, dass BIG 4 –Present Perfect– den meisten Lernenden die größten Schwierigkeiten bereitet. Sehr häufig kommt es vor, dass Personen, die wahrnehmen, noch *nicht gut genug Englisch zu sprechen,* durch die Verwendung von Present Perfect einen großen Schritt nach vorne erfahren und ab sofort viel sicherer kommunizieren.

GLOSSARY

BEGRIFFSERLÄUTERUNGEN

Grammatik beinhaltet immer, dass Fachbegriffe fallen; gänzlich vermeiden lässt sich das leider nicht. Um es Dir etwas zu erleichtern, erkläre ich hier einige Begriffe:

- COLLECTIVE NOUN

Es gibt Nomen (noun) = Hauptwörter, die eine Gruppe von Menschen zusammenfassen, z.B. *family, crowd, band* und daher als Plural verwendet werden können: *The family have decided...*

- FRAGEWORT

Wer, wie, was, warum etc.? Englisch: *Who, how, what, why, which, where, when, whose*?

- INFINITIV

Die Grundform eines Verbs, im Englischen i.d.R. so aufgeführt: *to go, to see, to watch, to have, to believe etc.*

- HILFSVERB

Die Grammatik unterscheidet zwischen Vollverben und Hilfsverben. Vollverben übernehmen die Funktion, eine Tätigkeit oder Handlung auszudrücken, was passierte (Inhalt). Hilfsverben dagegen haben die Aufgabe, grammatikalischen Zeiten zu bilden. Beispiel: *I have seen my mother... have* = HILFSVERB bildet das Present Perfect BIG 4; *seen* = VOLLVERB transportiert die Information = sehen.

- KURZANTWORT

Es ist unüblich, auf geschlossene Fragen nur mit *Yes* oder *No* zu antworten, vielmehr gibt es Kurzantworten, die, je nachdem, wie gefragt wurde, so lauten: Kurzantwort=

Do *you like chocolate?*	*Yes, I* ***do****.*
Are *you hungry?*	*No, I`**m not**.*
Did *she work yesterday?*	*Yes, she* ***did****.*
Has *he had breakfast?*	*No, he* ***hasn`t****.*
Will *you come?*	*Yes, I* ***will****.*

- KURZFORM

Die englische Sprache lebt vom ´Singsang`, Wörter werden betont und fließen viel stärker ineinander über als in der deutschen Sprache. Und wo immer möglich, gibt es Kurzformen z.B. *I am = I`m, you are = you`re*

- MODALVERB

Modalverben wie *can, may, will, shall, must* werden immer in Verbindung mit einem Infinitiv verwendet, also: *can see, may talk, will come, shall do, must have.* Modalverben selber haben keinen Infinitiv. Sie haben die Funktion, Verben zu ´modalisieren` und Wünsche, Möglichkeiten bzw. Zwänge zu kommunizieren.

- OBJEKT

Der Satzaufbau im Englischen folgt dieser Regel: SP**O**
Subjekt, Prädikat, Objekt.
Als Objekt wird der Satzteil bezeichnet, der weitere Informationen liefert: *Mother cooks a cake*. Objekt: *a cake*

- PARTIZIP PERFECT/PAST PARTICPLE

Das ist die 3. Form eines Verbs. Unregelmäßige Formen: lernen; regelmäßige Formen + ed:
to see –saw–SEEN; to rain–rained–RAINED

- PRÄDIKAT

Der Satzaufbau im Englischen folgt dieser Regel: S**P**O
Subjekt, Prädikat, Objekt.
Das Prädikat ist das Verb eines Satzes: *We liked the theatre play very much.* Prädikat: *liked*

- PRONOMEN

Pronomen können <u>für</u> ein Nomen z.B. eine Person stehen oder Nomen <u>begleiten</u>: *Tom liked the place, he hadn`t been there before. It was his chance.* Pronomen: *he, his*

- SIGNALWÖRTER

In jedem Chapter erwähne ich unter ´BOOKMARK` Signalwörter. Diese geben Dir einen Hinweis darauf, welche Zeit Du benötigst z.B. *at the moment* = geschieht im Moment, BIG 2.

- SUBJEKT

Der Satzaufbau im Englischen folgt dieser Regel: **S**PO
Subjekt, Prädikat, Objekt. Das Subjekt eines Satzes ist die Person oder der Gegenstand, um den es geht, danach wird mit ´wer oder was` gefragt. *The boy runs fast*. Subjekt: *the boy*. Das kann auch ein Pronomen sein wie: *he, she, him*

- TENSE/S

= grammatikalische Zeiten der englischen Grammatik, um Gegenwart, Vergangenheit oder Zukunft auszudrücken.

- VERNEINUNG

Damit sind negative Sätze gemeint, also Aussagen mit *no, not* etc.. *Mother does not cook.*

- VOLLVERB

s. HILFSVERB

- ZEITEN

= grammatikalische Zeiten der englischen Grammatik, um Gegenwart, Vergangenheit oder Zukunft auszudrücken.

CHAPTER ONE

SIMPLE PRESENT BIG 1

*I **do** it (every day)= eat a salad.*

Die Zeit **Simple Present** bereitet Lernenden am wenigsten Schwierigkeiten, aber sie wird – von Ungeübten – tendenziell zu häufig verwendet. Der Grund dafür ist einfach: Kennst Du die anderen BIG 4 nicht und weißt sie nicht richtig anzuwenden, wirst Du versuchen, Simple Present zu nutzen – weil das in der deutschen Sprache funktioniert.

Das ist eine Erkenntnis, die ich Dir mit auf den Lernweg geben möchte: die deutsche und die englische Sprache unterscheiden sich grundlegend darin: auf Deutsch verwenden wir oft sprachliche Zusätze und verändern alleine dadurch unsere Aussagen, wobei das Verb (siehe Sätze unten) sich *nicht* verändert:

	Aussage
Ich **esse** *jeden Tag* Salat.	regelmäßig
Ich **esse** *gerade* Salat.	im Moment
Ich aß gestern Salat.	gestern, vorbei
Ich **esse** *seit zwei Jahren* nichts als Salat.	Zeitraum seit
Ich **esse** *morgen Mittag* Salat.	Zukunft

Nur in Satz 3 (Vergangenheit) verändert sich das Verb. In allen anderen Fällen verwenden wir *esse*. Das klappt auf Englisch nicht. Willst Du die erwähnten Aussagen treffen, sprichst Du alle BIG 5 an:

	Aussage	
I **eat** salad **every day**.	**regelmäßig**	BIG 1
I am eating a salad	now.	BIG 2
I ate a salad	yesterday.	BIG 3
I have eaten nothing but salad	for two years.	BIG 4
I will eat a salad for lunch	tomorrow.	BIG 5

I eat salad ist Simple Present und drückt aus, dass etwas **regelmäßig, wiederkehrend, generell** passiert oder gilt. Also in dem Fall: Ich esse (grundsätzlich, regelmäßig) Salat. Du kannst Zusätze (auch Signalwörter genannt) verwenden wie: *often, sometimes, always, never, usually, every week, on Mondays,* aber auch ohne einen solchen Zusatz transportiert ***eat*** die Message: *generell* esse ich Salat.

Nun schau Dir den 2. Satz an: *Ich esse gerade Salat.* Ungeübte könnten sagen: *I eat salad now.* Das wäre nicht richtig! Die englische Grammatik hält hierfür BIG 2 = Present Continuous bereit *I am eating salad.*

Und das ist eine weitere Erkenntnis, die ich mitgeben möchte: Es ist wichtig, dass Du Dich davon löst, 1:1 übersetzen zu wollen und stattdessen beginnst, zu überlegen: Welche Aussage (Message) möchte ich transportieren und welche Zeit brauche ich dafür? Und dann Deinen englischen Satz bildest.

So kannst Du vermeiden, dass diese – grammatikalisch nicht richtigen – Sätze entstehen und Deine Aussage möglicherweise nicht richtig ankommt: I **eat** salad *now.*, I **eat** salad *yesterday.*, I **eat** salad *for two years.* I **eat** salad *tomorrow.*

BOOKMARK
MERKE

Simple Present verwendest Du, um über Dinge zu sprechen, die generell zutreffen, das umfasst beispielsweise Themen, bei denen Du kommunizierst, wo Du wohnst, was Du beruflich machst, welche Hobbies Du hast, wie Dein Tages-, Monats- oder Arbeitsablauf aussieht. Zusätzlich drückst Du über Simple Present Gefühle, Gedanken und Sinneswahrnehmungen aus mit *I think, believe, feel, sense…*

Löse Dich davon – wie in der deutschen Sprache – alles im Simple Present transportieren zu wollen. Vielmehr lerne die BIG 5 kennen und beginne, sie zu unterscheiden. Dann steht Dir nichts im Weg, um gut auf Englisch zu kommunizieren.

BUILD SIMPLE PRESENT
SIMPLE PRESENT BILDEN

Yes Positive Sätze

Simple Present bildest Du mit dem Infinitiv (= die 1. Form eines Verbs) zum Beispiel *to live, to come, to believe, to meet, to like, to go* etc. *I **go** to work every day. We **come** home late.* Achtung jedoch bei ***he,she,it***! Hier hängst Du das Singular-s an! Das ist **der Aspekt**, auf den Du bei der Bildung von Simple Present achten musst: Das berühmte **Singular-s** verwenden, bei der dritten Person Einzahl.

I live *in Paris.*	
*My mom **comes** from Dijon.*	***she*** *– Singular-s*
*Our family **meets** each Saturday.*	***it*** *– Singular-s*
We believe *in God.*	
*Our dad **works** long hours.*	***he*** *– Singular-s*
*My brother **likes** his girlfriend.*	***he*** *– Singular-s*
We *often **go** out for a meal.*	
*The postman **comes** at 8 in the morning.*	***he*** *– Singular-s*
They *always **come** at 9:30.*	

Sätze verändern sich also, wenn ich über eine 3. Person oder ein Ding im Singular ***he,she,it*** spreche. Außerdem gilt es hier auf Schreibweisen zu achten: Endet ein Verb auf –ch, dann wird –es angehängt. Endet ein Verb auf –y, wird daraus –ies; aus have wird has:

*I **watch** a film every….*	*but*	*He **watches** a film every...*
*We **dry** clothes every..*	*but*	*My mom **dries** clothes every...*
*You **have** a dog.*	*but*	*My friend **has** a dog.*

ohne Singular-s

Die Eltern wohnen in einem schönen Haus.

Ich wohne in einem schönen Haus.

Wir wohnen in einem schönen Haus.

Die Trainings findet immer dienstags statt.

*The parents **live** in a beautiful house.*	***they***
*I **live** in a beautiful house.*	***I***
*We **live** in a beautiful house.*	***we***
*The trainings always **take** place on Tuesdays.*	***they***

Mit Singular-s

Sie wohnt in einem großen Haus.

Er wohnt in einem großen Haus.

Das Training findet am Mittwoch statt.

She lives *in a big house.*

He lives *in a big house.*

It takes *place on Wednesday.*

No Sätze mit Verneinung

Wir müssen uns bei jeder Zeit anschauen, wie Fragen gestellt und Verneinungen bzw. negative Aussagen gebildet werden. Auch hierin unterscheidet sich die englische Sprache von der deutschen. Das Wort *nicht* reicht aus, um in der deutschen Grammatik eine negative Aussage zu bilden.

Deutsch

1ch *wohne nicht* in einem schönen Haus.

Die Eltern *wohnen nicht* in einem schönen Haus.

Sie *wohnt nicht* in einem schönen Haus.

Er *trainiert nicht* am Mittwoch.

Englisch:

Du brauchst für die Verneinung im Simple Present das Hilfsverb *do + not (Kurzform don't)* + das Verb im Infinitiv. Bei ***he/she/it*** hängst Du das Singular-s jetzt an das Hilfsverb do=*does + not (Kurzform doesn't).* Dein Haupt-Verb (Vollverb) im Satz erhält dann kein –s mehr - es ist an das *do* gewandert!

Ohne Singular-s do not + Verb	
*I **do not (don`t) live** in a beautiful house.*	***I***
*The parents **don't live** in a beautiful house.*	***they***

Mit Singular-s does not + Verb (ohne –s)

***She does not (doesn't) live** in a beautiful house.*

***He doesn`t do** his workout on Wednesday.*

Vielleicht ist Dir aufgefallen: in dem letzten Beispielsatz kommt do *zweimal* vor! Einmal als Hilfsverb (hilft die Frage zu bilden) und als Vollverb! *He doesn`t do …* Das ist richtig so und muss auch so sein!

Why Fragen stellen

Die Bildung von Fragen verdeutlicht auch, wie die englische Grammatik funktioniert. Auf Deutsch stellst Du einfach das Vollverb an den Satzanfang und fertig ist die Frage:

Esse ich *jeden Tag* Salat?	regelmäßig
Esse ich *gerade* Salat?	im Moment
Aß ich gestern Salat?	gestern, vorbei
Esse ich seit *zwei Jahren* nur Salat?	Zeitraum seit
Esse ich *morgen Mittag* Salat?	Zukunft

Die englische Grammatik hingegen erfordert für die Bildung einer Frage **immer ein Hilfs-/Modalverb am Satzanfang**!

	Aussage
Do I eat salad every day?	regelmäßig
Am I eating salad?	im Moment
Did I eat salad?	gestern, vorbei
Have I eaten nothing but salad?	Zeitraum seit
Will I eat salad?	Zukunft

Für Simple Present bedeutet es: Du stellst jetzt das Hilfsverb *do* – bei ***he,she,it*** *does* – an den Satzanfang.
Do/Does – so beginnen Fragen im Simple Present!
Gibt es ein Fragewort, steht dieses noch vor do/does.

ohne Singular-s
Lebe ich in einem schönen Haus?
Wohnen Deine Eltern in einem schönen Haus?
Warum lebe ich in einem schönen Haus?
Wo leben Deine Eltern?
Do *I* ***live*** *in a beautiful house?*
Do *your parents* ***live*** *in a beautiful house?*
...mit Fragewort
Why ***do*** *I* ***live*** *in a beautiful house?*
Where ***do*** *your parents* ***live****?*

mit Singular-s
Wohnt sie in einem schönen Haus?
Trainiert er am Mittwoch?
Gefällt ihr das Haus?
Wann macht er sein Workout/trainiert er?

Does *she* ***live*** *in a beautiful house?*
Does *he* ***do*** *his workout on Wednesday?*

… mit Fragewort
How ***does*** *she* ***like*** *the house?*
When ***does*** *he* ***do*** *his workout?*

Auch hier taucht *do* im letzten Beispielsatz wieder zweimal auf (als Hilfs- und als Vollverb!). Verwendest Du das Hilfsverb *do/does* bei Frage und Verneinung nicht und versuchst, Sätze 1:1 aus dem Deutschen zu übersetzen, dann entstehen Sätze wie diese (manchmal wird eine Aussage gebildet, die der Sprechende dann als Frage betont!):

Your parents live in a beautiful house? nicht richtig
Lives she in a beautiful house? nicht richtig
Live you not in a big house? nicht richtig

Weil es häufig falsch gemacht wird, möchte ich noch einmal darauf hinweisen: Wird bei ***he/she/it*** in der Frage und Verneinung *does* verwendet, darf das –s zusätzlich nicht mehr an das Vollverb gehängt werden (das Singular-s kommt an das Vollverb **nur** in der positiven Aussage) und in jedem ***he/she/it***-Simple Present-Satz nur **einmal** vor.

nicht richtig
Does your sister lives in a beautiful house?
My sister does not lives in a big house.

richtig

*My sister **lives** in a beautiful house. My sister **doesn't live** in a small house. **Does** my sister **live** in a nice house?*	Aussage Verneinung Frage

Kurzantworten

Aus Höflichkeit antwortest Du gerne auf sogenannte geschlossene Fragen (welche Du mit *Ja* oder *Nein* beantworten kannst) nicht nur mit *Yes* oder *No*, sondern mit einer Kurzantwort, in der Du das Hilfsverb aufgreifst:

***Do** you like the weather?*	***Does** she live in Paris?*
Yes, I/you/we/they ***do***.	*Yes*, he/she/it ***does***.
No, I/you/we/they/ ***don`t***.	*No*, he/she/it ***doesn`t***.
No, I/you/we/they/ ***do not***.	No, he/she/it ***does not***.

EXCEPTIONS
AUSNAHMEN

Sehr oft weist die Grammatik **Ausnahmen** auf, in diesem Kapitel betrifft das die Verben ***to be + to have***.

Die Verben *to be + to have* übernehmen in der englischen Grammatik (so wie auch do) zwei Funktionen: Zum einen kommen sie als Vollverb vor, sie drücken also die Haupttätigkeit in einem Satz aus. Zum anderen kommen sie als Hilfsverb vor, dann *helfen* sie, die jeweilige Zeit zu bilden.

	to be	**to have**
I	*am*	*have*
You	*are*	*have*
He,she, it	*is*	*has*
We	*are*	*have*
You	*are*	*have*
They	*are*	*have*

to be

als Vollverb	I *am* a teacher.	Ich bin Lehrerin.
als Hilfsverb	I *am teaching*.	BIG 2 Present Continuous

Im zweiten Satz ist das Vollverb *to teach* und *am* ist Hilfsverb.

to have

als Vollverb	I *have* a dog.	Ich habe einen Hund.
als Hilfsverb	I *have had* a good time.	BIG 4 Present Perfect

Im zweiten Satz ist *have* 1x Vollverb und 1x Hilfsverb

Welche Bedeutung hat das für das Simple Present? *To be* kommt, anders als alle anderen Verben, sowohl bei Fragen als auch Verneinungen ohne ein weiteres Hilfsverb *do/does* aus! FRAGEN und VERNEINUNGEN mit to be – **immer ohne** do/does, do not/doesn`t:

Aussage	*I **am** a teacher.*	
Verneinung	*I **am not (I`m not)** a doctor.*	
Frage	***Am** I a vet?*	*Yes, I **am**.*
Aussage	*She **is** lazy.*	
Verneinung	*He **is not (isn`t)** very interesting.*	
Frage	***Is** he at home?*	*No, he **isn`t**.*
Aussage	*We **are** a family.*	
Verneinung	*They **are not (aren`t)** sick.*	
Frage	***Are** you happy?*	*Yes, you **are**.*

Aussage	*You **are** nice.*	
Verneinung	*You **are not (aren`t)** nice.*	
Frage	***Are** you nice?*	*No, you **are not**.*

Wenn Du jetzt denkst *Das ist einfach* dann hast Du recht. Denn *das* entspricht *dem,* was wir auf Deutsch sagen! Mit dem Verb *sein* verfahren wir also genauso, wie wir es auf Deutsch tun würden.

Für *to have* gilt das in manchen Fällen:

ohne	mit do/does
*I **have** a new car.*	
*I **haven`t got** an old car.*	*I **don`t have** an old car.*
***Have** I **got** an eBike?*	*I **don`t have** an eBike.*
*She **has** a cat.*	
*He **hasn`t got** a dog.*	*He **doesn`t have** a dog.*
***Has** he **got** a horse?*	***Does** he **have** a horse?*

Bei *to have* gibt es diese Besonderheit: Im britischen Englisch ist *have got = besitzen* weit verbreitet. Das Wörtchen *got* hat dabei keinerlei Bedeutung, es ist ein Füllwort. Im amerikanischen Englisch wird es seltener verwendet. Wenn Du *have got* benutzt, kannst Du auf *do/does* verzichten!

have got = kein do

*I **have got** two sisters.*	*She **has got** a brother.*
*I **haven`t got** two sisters.*	*She **hasn`t got** a brother.*
***Have** you **got** two sisters?*	***Has** she **got** a brother?*

Jedoch, immer, wenn Du *have* alleine (ohne got) verwendest, benutzt Du in Frage und Verneinung auch *do/does*:

*I **have** a lot of time.*
*They **don`t have** a lot of time.*
***Do** you **have** a lot of time?*

STATIC VERBS
STATISCHE VERBEN

Es fehlt noch, diesen Aspekt zu erwähnen, der für Simple Present eine Bedeutung hat: die Unterscheidung zwischen dynamischen und statischen Verben.

Im nachfolgenden *Chapter Two* wird es um das Present Continuous BIG 2 gehen, die Zeit, mittels der wir ausdrücken, was *gerade* stattfindet (in diesem Moment oder über eine längere Zeit). Dort dreht sich alles um Handlungen, die über einen Zeitraum andauern, also *dynamische* Handlungen und *dynamische* Verben. Das Gegenteil davon sind *statische* Verben. Das ist eine Unterscheidung hinsichtlich der Tätigkeit: ich kann kochen, laufen, backen, fernsehen, und das über einen längeren Zeitraum (dynamisch), allerdings Verben, die eine Wahrnehmung ausdrücken, wie wissen, fühlen, erinnern, annehmen o.ä., beschreiben eher Zustände (statisch). Aus dem Grund – Continuous betont im Englischen die andauernde Handlung – werden statische Verben in der englischen Sprache eher nicht[2] im Continuous gebildet, sondern im Simple Present.

Ich fühle mich (gerade) müde.	I **feel** tired.
Ich erinnere mich (im Moment) nicht.	I **don`t remember** this.
Akzeptierst Du das (jetzt)?	**Do** you **accept** it?

Die Sätze sind keine allgemeinen Aussagen, sondern beziehen sich auf einen jetzigen Moment – eigentlich ein Fall für BIG 2 = Present Continuous. Aber es handelt sich um statische Verben, daher verwendest Du Simple Present.

---

[2] eher nicht, weil Du über das Continuous eine besondere Betonung ausdrücken kannst, auch für statische Verben.

DISSOCIATION
ABGRENZUNG

Wenn Du die Sendung *Wer wird Millionär?* kennst, weißt Du, dass man zur richtigen Lösung auch über das Ausschlussverfahren finden kann. Daher möchte ich mit der Sichtweise *Abgrenzung* noch einmal auf die Zeit Simple Present schauen: Wir wollen diese Zeit unbedingt verwenden, wenn wir über Dinge sprechen, die generell gelten und regelmäßig passieren, wenn wir Gefühle ausdrücken und Sinneswahrnehmungen. Hingegen wollen wir **Simple Present NICHT verwenden:**

* WENN wir ausdrücken, dass eine Handlung gerade im Moment passiert •BIG 2

* WENN etwas bereits vorbei ist, in der Vergangenheit passierte •BIG 3

* WENN wir sagen möchten, dass etwas seit geraumer Zeit andauert •BIG 4

* WENN unsere Aussage ist, dass etwas erst noch passieren wird •BIG 5

REPEATING = LEARNING
WIEDERHOLEN und LERNEN

LERNSÄTZE BIG 1

*

Simple Present drückt aus: dass Dinge generell gelten und Handlungen regelmäßig passieren

*

Die 3. Person Singular ***he/she/it*** braucht das Singular-s am Vollverb: she like**s**, he think**s**

*

Fragen werden mit dem Hilfsverb Do/Does gebildet; Verneinung mit do not/don`t oder does not/doesn`t, das Vollverb hat kein –s mehr

*

Die Verben to be + to have got kommen ohne do/does aus

*

Verwende do/does **nicht**, wenn Du eigentlich BIG 2, BIG 3, BIG 4, BIG 5 verwenden willst

TEST YOURSELF

5 memorable sentences/5 einprägsame Sätze

*

1 *He knows his favourite songs by heart.*

Er kennt seine Lieblingslieder auswendig.

2 *A lot of things in life are free.*

Viele Dinge im Leben sind kostenlos.

3 *How often a week do you eat meat?*

Wie oft pro Woche essen Sie Fleisch?

4 *Many people like to think positively.*

Viele Menschen denken gerne positiv.

5 *Spring starts in March and ends in June.*

Der Frühling beginnt im März und endet im Juni.

*

SAY IN ENGLISH: Exercise positive statements

1 Sie trifft ihre Freunde regelmäßig.

2 Ich glaube, Hunde sind sehr treue Tiere.

3 Max ruft seine Mutter jeden Samstag an.

4 Wir fahren mit dem Rad zur Schule.

5 Unsere Nachbarn haben drei Katzen und ein Schwein.

*

Exercise negative statements

1 Die Kinder essen keinen Fisch.

2 Er sieht seinen Vater nicht sehr oft.

3 Wir haben keinen Nachmittagsunterricht.

4 Sie ist keine gute Läuferin.

5 Ihr mögt keine Tiere.

Solution on page 38

Exercise questions

1 Warum magst du keine Tomaten?

2 Was denkst Du über den neuen Trainer?

3 Wie fährt sie zur Arbeit?

4 Hat sie einen Freund?

5 Wie oft machst Du in der Woche Sport?

*

Fill in the gaps:

Our school _________ (to be) right in the centre of our village. We _________ (to have) about 1,000 pupils. Most of them _________ (to come) from our town, but some, of course, _________ (not, to live) locally, so each morning they _________ (to arrive) from neighbouring areas. Tom _________ (to be) in grade 6 now. He and his sister Anna _________ (to enjoy) being at this school, although it _________ (not, to be) always easy. The requirements at the school _________ (to be) fairly high. Nevertheless, school life _________ (to appear) to be fun, whenever you _________ (to walk by) during the morning school break, you can see the children playing and chatting happily on the school premises. Tom usually _________ (to finish) earlier than his sister, because Anna _______ (to be) in grade 8 and _________ (to have) afternoon lessons. So, roundabout 12:55, Max _________ (to leave) the building, _________ (to catch) the bus at the nearby bus stop and _________ (to go) home for lunch. There, he _________ (to have) lunch, _________ (to do) his homework and _________ (to take out) the dog. Most days are like that. Really, school days _________ (to be) a routine.

Solution on page 38

Solution for pages 36, 37

*Positive statements

1 She meets her friends regularly.

2 I think/believe, dogs are loyal/faithful animals.

3 Max calls his mother every Saturday.

4 We ride to school by bike.

5 Our neighbours have (got) three cats and one/a pig.

* Negative statements

1 The children don`t eat fish.

2 He doesn`t see his father very often.

3 We don`t have afternoon lessons.

4 She isn`t a good runner.

5 You don`t like animals.

*Questions

1 Why don`t you like tomatoes?

2 What do you think about the new coach?

3 How does she travel to work?

4 Does she have/ Has she got a boyfriend?

5 How many times/often a week do you exercise?

*Fill in the gaps

is / have / come / don`t live / arrive / is / enjoy / isn`t /are / appears / walk by / finishes / is / has / leaves / catches / goes / has / does / takes out / are

CHAPTER TWO
PRESENT CONTINUOUS BIG 2

I ***am doing*** *it (now) = am eating a salad.*

Das **Present Continuous** der englischen Grammatik ist in der Regel nicht allzu schwierig für Lernende anzuwenden, es braucht nur ein wenig Bewusstsein, um es im richtigen Moment *herauszuholen*. Zuallererst möchte ich darauf hinweisen, dass Du statt *Continuous* genauso gut *Progressive* sagen kannst. Ich verwende durchgehend den Begriff *Continuous*. Das Continuous (Progressive) im Englischen ist die –ING-Form. Mit dieser Information können viele Lernende etwas anfangen.

Das Continuous ist ein *Konzept* der englischen Sprache. Damit meine ich, es taucht mehrfach auf: in der Gegenwart als BIG 2, in der Vergangenheit als Past Continuous, in der Zukunft (will-be-doing) und bei den Perfect-Zeiten (Present Perfect Continuous BIG 4 und Past Perfect Continuous). Immer, immer, immer! drückt Continuous aus, dass eine Handlung **im Verlauf** ist, war oder sein wird. Man spricht auch von der *Verlaufsform*. Vielleicht hilft Dir dieses Bild: Stell Dir ein Zeitfenster im Kopf vor, z.B. jetzt gerade tust Du etwas und das wird noch etwa eine halbe Stunde andauern. Genauso gut kannst Du Dich an etwas erinnern, das Du gestern um die gleiche Zeit getan hast, etwa über einen ähnlichen Zeitraum. Und was wirst Du morgen um diese Zeit tun?

In der deutschen Sprache gibt es das Progressiv auch, und zwar in Verbindung mit *am*, also .. *ich war am Arbeiten.. , ..sie ist am Kochen....* Das wird hierzulande als am-Progressiv bezeichnet und drückt ebenso aus, dass eine Handlung gerade im Verlauf ist. Ehrlich gesagt, verwende ich das am-Progressiv in meiner Muttersprache kaum. Das mag regional unterschiedlich sein, aber als Journalistin würde ich das zum Beispiel nicht in einem Text schreiben. Ich kann den gleichen Umstand ja genauso gut so ausdrücken *ich arbeitete gerade... sie kocht gerade.*

Und genau **das** ist **der wichtige Aspekt** für das Present Continuous. Es *wird* in der englischen Sprache verwendet, und *muss* sogar verwendet werden, um zu transportieren, etwas geschieht **im Moment**, und ein Ende der Handlung ist absehbar.

	Aussage
I ***eat*** salad.	regelmäßig BIG 1
I ***am eating*** salad.	im Moment

BOOKMARK

MERKE

Present Continuous drückt in der englischen Grammatik aus, dass etwas im Verlauf ist, eine Handlung andauert – gerade jetzt in diesem Moment oder in meiner Freizeit. Anders als Simple Present besagt diese Zeit: Ein Ende der Handlung ist absehbar.

In diesem Kapitel schauen wir auf das Continous in der Gegenwart. Einmal verstanden fällt es dann viel leichter, das Continuous auch in der Vergangenheit, der Zukunft und in den Formen des Perfekts richtig anzuwenden. Die Zeit transportiert also die Information, dass etwas gerade im Moment passiert. Du *brauchst* keinen Zusatz mehr, du *kannst* aber einen verwenden, Signalwörter sind hier: *at the moment, right now, currently, now, Look!*

Andauern, also sich im Verlauf befinden, können vor allem Verben, die eine Tätigkeit ausdrücken, die sogenannten dynamischen Verben – im Gegensatz zu den statischen Verben.

STATIC & DYNAMIC VERBS
STATISCHE & DYNAMISCHE VERBEN

In *Chapter One* habe ich bereits etwas über die statischen Verben (S. 33) gesagt. Hier, in *Chapter Two,* wird noch einmal viel klarer, warum diese Unterscheidung in der englischen Kommunikation von Bedeutung ist.

Bei manchen Verben ist die Antwort ganz eindeutig, *to run* ist ein dynamisches Verb, hier *passiert* eine Handlung. Was aber ist mit *to feel* – fühlen? Du kannst etwas fühlen (Zustand), aber Du kannst auch etwas mit den Händen anfühlen (Dynamik). Was bedeutet das für Deine Kommunikation?

Die Antwort lautet: Handelt es sich um ein statisches Verb (Zustand), formulierst Du Deinen Satz (eher) im Simple Present BIG 1, handelt es sich aber um ein dynamisches Verb und eine dynamische Handlung, dann verwendest Du das Continous BIG 2. Warum ich *eher* schreibe, erkläre ich etwas weiter unten auf S. 48. Hier eine Hilfestellung für Verben, die sowohl als dynamische, als auch als statische Verben vorkommen:

in Dynamik = Aussage ist Handlung / Tätigkeit BIG 2

to feel =	tasten
to see =	sich treffen
to smell =	an etwas riechen
to taste =	ausprobieren
to look =	anschauen
to have =	essen, zu sich nehmen
to think =	nachdenken
to be =	sich benehmen, verhalten

in Statik = Aussage ist Zustand = Simple Present BIG 1

to feel =	fühlen, einer Meinung sein
to see =	sehen, verstehen
to smell =	etwas riecht nach
to taste =	schmeckt nach
to look =	aussehen
to have =	haben, besitzen
to think =	glauben, denken
to be =	sein

Dieses Chapter zeigt Dir auf, wie Du die dynamischen Verben richtig bildest und anwendest.

Yes Positive Sätze

Das Present Continuous wird gebildet, indem Du die Endung *-ing* an das Verb hängst **und zusätzlich** vor das Verb die richtige Form von *to be –hier als Hilfsverb–*, je nach Person (*I, you, he/she/it, we, you, they*), stellst. Present Continuous besteht also immer aus zwei Teilen. Das ist wichtig, denn es wird vergessen.

to be + ..ing

The girls ***are*** *running.*	nicht: The *girls* running.
I ***am*** *speaking.*	nicht: I *speaking.*
She ***is*** *having* a shower.	nicht: She *having* a shower.

Hier noch einmal die Verwendung von *to be* als Hilfsverb im Present Continous:

I	***am***	*We*	***are***
You	***are***	*You*	***are***
He/she/it	***is***	*They*	***are***

Die Endung *-ing* kann die Schreibweise des Verbs verändern:

Konsonanten verdoppen	*to run*	*running*
	to put	*putting*
	to sit	*sitting*
stummes ´e` fällt weg	*to have*	*having*
	to take	*taking*
doppeltes ´e` bleibt	*to see*	*seeing*
Endung ´ie` wird zu ´y`	*to lie*	*lying*
Endung ´c` wird zu ´ck`	*to panic*	*panicking*
	to picnic	*picnicking*

Etwas, worauf ich immer hinweise (und erklären muss) ist, dass die Handlung oder Tätigkeit, die gerade stattfindet, sich nicht ausschließlich auf den Moment der Kommunikation beschränken muss, sondern – eine ganze Zeit – in diesen Moment eingebettet sein kann.

Möchte ich beispielsweise kommunizieren, dass ich gerade (aber nicht in dieser Sekunde, sondern in meiner Freizeit) ein interessantes Buch lese, dann sage ich: *I am reading an interesting book.* …in diesen Tagen, Wochen…

Noch deutlicher wird es bei diesen Sätzen: *Russia is fighting against the Ukraine.* …in diesen Zeiten… *The climate is changing.* …..passiert gerade im Moment die ganze Zeit…

Wichtig dabei ist, dass es gerade passiert und andauert. Ich habe das Buch noch nicht ausgelesen, das Wetter verändert sich die ganze Zeit. Ich könnte auch sagen: *I am learning Dutch.* Was ich in dieser Sekunde zwar nicht tue, aber es ist etwas, das gerade bei mir stattfindet. Wie erkennst Du dabei den Unterschied zum Simple Present?

Ich könnte ja durchaus sagen: *I read interesting books*. Damit drücke ich aus, dass ich allgemein interessante Bücher lese. Beim zweiten Satz wird jedoch deutlich, welche *Information* das Continous transportiert: *The climate changes* ist natürlich auch ein denkbarer Satz, der eher auf die generelle Tatsache verweist, dass sich das Klima verändert. Mit T*he climate is changing* betont der Sprecher aber den Vorgang, die Handlung der Veränderung, der ein Prozess ist, der gerade im Verlauf ist. Außerdem verwendest Du Continious in dieser Funktion häufig für etwas, das vermutlich irgendwann ein Ende findet. *I am reading an interesting book.* Irgendwann wirst Du es ausgelesen haben.

Was gerade passiert:
The birds **are singing** outside in the trees.
My dog **is sleeping** under my desk.
The children **are learning** at school.
They **are building** a new house next door.
We **are waiting** for a parcel to arrive.
You **are reading** this book.
We **are thinking** about buying a new car.

No Sätze mit Verneinung

Um einen negativen Satz zu bilden, kommt das Hilfsverb *to be,* das ja ein fester Bestandteil von Present Continuous ist, sehr gelegen. Du brauchst lediglich *not* einfügen. Dieses *not* kannst Du ausschreiben oder in der Kurzform benutzen:

to **be not + ..ing**	**Kurzform**
*They **are not** running.*	*They **aren`t** running.*
*I **am not** speaking.*	***I`m not** speaking.*
*She **is not** having a shower.*	*She **isn`t** having a shower.*
*We **are not** coming late.*	*We **aren't** coming late.*
*You **are not** walking.*	*You **aren`t** walking.*

Why Fragen stellen

Um eine Frage im Present Continous zu bilden, kommt das Hilfsverb *to be* erneut gelegen. Denn Du hast von mir gehört, Fragen auf Englisch bildest Du mit den Hilfsverben am Satzanfang. Stelle einfach die Form von *to be* an den Satzanfang.

Also *to be* vor die Person und bei Kurzantworten greifst Du das Hilfsverb auf:

Frage	**Kurzantwort**
***Are** the girls running?*	*Yes, they **are**.*
***Am** I speaking?*	*No, I **am not**.*
***Is** she having a shower?*	*Yes, **she is**.*
***Are** we talking too fast?*	*No **we aren`t**.*

nicht: *You are **not** living in Germany?*

Falls Du ein Fragewort verwendest wie *when, where, how, who, what,* steht dieses an erster Position im Satz, die Form von *to be* rutscht auf Platz zwei, auf jeden Fall aber vor die Person/Subjekt:

*Why **am** I doing this?*
*Where **is** she spending her holiday?*
*Who **are** we watching now?*

FEATURES
BESONDERHEITEN

Present Continuous verwendest Du auch in diesen Fällen:

1. Wenn Du Abbildungen beschreibst oder das, was auf Fotos zu sehen ist. Stell Dir vor, Du bist in einer Ausstellung und sprichst über ein Gemälde, dann könntest Du sagen: *I like the way the woman **is standing** in the room.* Oder die Beschreibung eines Bildes für jemanden, der nicht anwesend ist: *In the picture, where I **am sitting** next to uncle Tom!*

2. Wenn Du von etwas genervt bist, kannst Du diesem Umstand über das Present Continuous Ausdruck verleihen. Du betonst quasi, dass etwas *immer stattfindet = langer Zeitraum* und dich das wirklich stört!

*My children **are always leaving** the lights on! The dog **is always barking** when a car drives past!*

3. Um etwas zu betonen. Jetzt komme ich auf den Punkt von S. 33 zurück, wo ich geschrieben habe *eher*. Denn auch statische Verben kannst Du ins Present Continuous setzen, wenn Du etwas einen besonderen Ausdruck verleihen möchtest: *to feel* (Zustand, Gefühl, statisches Verb).

*I **am** really **feeling** sorry for him now.*

Hier ist nicht das Anfühlen (Handlung, dynamisches Verb) gemeint.

4. Um Zukunft auszudrücken, und zwar wenn Du bereits eine feste Verabredung bzw. Vorkehrung mit jemandem getroffen hast. *I **am meeting** my parents at the weekend.* Oder: *We **are flying** to London on Friday morning.* In diesen Fällen ist eine andere Partei involviert, einmal bereiten sich die Eltern auf den Besuch vor, das andere Mal ist der Flug nach London im Terminplan der Airline fixiert und der Pilot hat seinen Termin. Vielen Lernenden ist dieser Umstand nicht bekannt. Aber – achte bitte einmal darauf – dieses wird verwendet!

Wenn Du Present Continuous als Zukunftsform verwendest, **musst** du den Zeitpunkt in der Zukunft nennen. Klar, sonst versteht Dein Gegenüber: Du tust das jetzt gerade.

Hinweis: Ohne das Hilfsverb *to be* davor wird ein Verb mit *–ing*-Endung zum Substantiv. *to read – reading* = das Lesen, *to walk – walking* = das Gehen. Im Englischen ist das für Gerundium wichtig = einer Verbform mit substantivischen Eigenschaften.

DISSOCIATION

ABGRENZUNG

Zurück zum Prinzip Ausschlussverfahren – reflektiere noch einmal: Wir wollen Present Continuous unbedingt verwenden, wenn wir über Dinge sprechen, die gerade im Moment stattfinden, wenn wir Bilder beschreiben und zum Ausdruck bringen, dass wir genervt sind oder dass wir fest mit jemandem verabredet sind. Aber wir wollen **Present Continuous** hingegen **NICHT verwenden**:

* WENN wir ausdrücken, dass etwas generell gilt, regelmäßig passiert •BIG 1

* WENN etwas bereits vorbei ist, in der Vergangenheit passierte •BIG 3

* WENN wir sagen möchten, dass etwas seit geraumer Zeit gilt oder für das Jetzt bedeutsam ist •BIG 4

* WENN unsere Aussage zukünftige Handlungen betrifft, die aber noch nicht feststehen (Absichten, Pläne) •BIG 5

REPEATING = LEARNING
WIEDERHOLEN und LERNEN

LERNSÄTZE BIG 2

*

Present Continuous drückt aus, dass eine Handlung (dynamische Verben) im Verlauf ist, gerade stattfindet, ein Ende absehbar ist, dass auf einem Bild etwas passiert, Du von etwas genervt bist oder etwas betonen möchtest

*

Die Zeit wird aus der Form von to be (am, is, are) und einem Verb mit der Endung –ing gebildet

*

Fragen bildest Du, indem Du die Form von to be an den Satzanfang stellst; bei negativen Sätze fügst Du –not– ein

*

Du verwendest Present Continuous als Zukunftsform bei festen zukünftigen Verabredungen

*

Verwende -ing **nicht**, wenn Du eigentlich BIG 1, BIG 3, BIG 4, BIG 5 verwenden willst

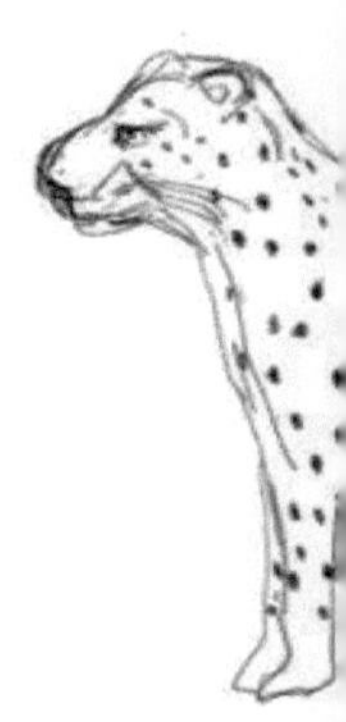

TEST YOURSELF

5 memorable sentences/5 einprägsame Sätze

*

1 *I am enjoying my day off.*

Ich genieße gerade meinen freien Tag.

2 *The babies are sitting in the swing.*

Die Babys sitzen in der Schaukel.

3 *What are you doing?*

Was machst Du/machen Sie gerade?

4 *The glaciers are melting.*

Die Gletscher schmelzen.

5 *Are you watching an interesting series?*

Schauen Sie/schaust Du gerade eine interessante Serie?

*

SAY IN ENGLISH Exercise positive statements

1 Sie isst gerade zu Abend.

2 Ich rufe Dich zurück, ich bezahle gerade.

3 Dreh Dich um, Du schnarchst!

4 Immer lässt Du Deine Jacke hier liegen!

5 Wir treffen sie morgen um 20:30 Uhr.

*

Exercise negative statements

1 Weil es nicht schneit, kann ich das Auto nehmen.

2 Die Telefonanlage funktioniert nicht.

3 Die Katze frisst gerade nichts.

4 Morgen kommt niemand mehr.

5 Er mäht nicht den Rasen, er schaut fern.

Solution on page 54

Exercise questions

1 Warum bellt der Hund? Steht jemand vor der Tür?
2 Du willst wissen, was ich gerade mache?
3 Regnet es?
4 Was liest du gerade?
5 Feiert Anna gerade?

*

Fill in the gaps – static or dynamic?

(Opinion) How ________ (to feel) about gendering? What is your opinion on this subject? I ________ (to have) my doubts about this.

*

(At the restaurant) Hi Tom, how ________ (you, to feel)? Your mom said you had been ill yesterday. Can you eat today? What ________ (you, to have) then? They ________ (to have) a nice choice of soups on the menu, that should be okay, I guess.

*

(Discussion) So, you ________ (to believe) this is not going to happen? We will see! ________ (you, to see) Mary tomorrow? I hope you ________ (to think) of taking Tom with you!

*

(Two friends) Where ________ (to be) Tim and Susan? – They ________ (to be) in Italy, they ________ (to spend) the whole summer holiday over there. – Oh! And who ________(to look) after their cat? – I ________ (to think) Susan`s Dad ________ (to do) that.

Solution on page 54

Solution for pages 52, 53

*Positive statements

1 She is having/is eating dinner.

2 I`ll call you back, I am paying right now.

3 Turn over, you are snoring!

4 You are always leaving your jacket here!

5 We are meeting them tomorrow at 8:30 pm.

*Negative statements

1 I can take the car because it is not snowing.

2 The telephone system isn`t working.

3 The cat isn`t eating anything right now.

4 There isn`t anybody coming tomorrow.

5 He is not mowing the lawn, he is watching TV.

*Questions

1 Why is the dog barking? Is there anybody at the door?

2 You want to know what am I doing/what I`m doing?

3 Is it raining?

4 What are you reading?

5 Is Anna having a party? Is Anna celebrating right now?

*Fill in the gaps

(Opinion) do you feel / have

(At the restaurant) are you feeling / are you having / have

(Discussion) believe / are you seeing / are thinking

(Two friends) are / are / are spending / is looking / think / is doing

CHAPTER THREE

SIMPLE PAST…BIG 3

*I **did** it (yesterday) = ate a salad.*

Das **Simple Past** der englischen Grammatik birgt ein paar Aspekte, die es sich lohnt, anzuschauen. Ungeübte tun sich schwer mit Fragestellungen und der richtigen Verwendung von *did*. Außerdem ist die Abgrenzung zum Present Perfect BIG 4 ein Thema. Aber schauen wir noch einmal auf meinen einführenden deutschen Beispielsatz zu Beginn in *Chapter One*, denn dort ist das Verb im Satz mit Simple Past das einzige, das sich verändert. Eigentlich müsste ich an dieser Stelle die zwei möglichen Varianten aufschreiben, die die deutsche Sprache bietet:

	Aussage
Ich esse *jeden Tag* Salat.	regelmäßig
Ich esse *gerade* Salat.	im Moment
Ich **aß** gestern Salat.	gestern, vorbei
Ich **habe** gestern Salat **gegessen**.	gestern, vorbei

	Aussage
Ich *esse seit zwei Jahren* nichts als Salat.	Zeitraum seit
Ich esse *morgen Mittag* Salat.	Zukunft

Für Englisch dagegen gilt: Nur diese eine Option:

	Aussage
I ***ate*** salad yesterday.	gestern, vorbei

Das kann zu Verwirrungen führen. Die Erklärung dafür liegt auf der Hand: Versuchst Du, den Satz *Ich habe gestern Salat gegessen*. 1:1 zu übersetzen, kommt möglicherweise dabei heraus: *I **have eaten** salad yesterday. Das* jedoch ist Present Perfect BIG 4 und wird in der Regel nicht verwendet, wenn Du *yesterday* (=vorbei) sagst oder meinst!

Genau gehe ich in *Chapter Four* darauf ein. An dieser Stelle ist es für Dich wichtig zu erkennen: *habe gemacht* kannst Du nicht immer gleichbedeutend mit *have done* verwenden!

BOOKMARK
MERKE

Simple Past kommuniziert, dass etwas in der Vergangenheit stattfand und bereits abgeschlossen, somit vorbei ist. Diese klare Trennung von Handlungen, die *komplett abgeschlossen/nicht abgeschlossen* sind, gibt es so in der deutschen Sprache nicht. Auf Deutsch reichen Zusätze wie *immer noch, noch nicht* aus, um die Information zu transportieren. Anders auf Englisch. Typische Situationen, in denen Du das Simple Past brauchst sind, wenn Du etwas erzählst: von Deinem letzten Urlaub, von gestern, letztem Jahr, einer Erfahrung in der Vergangenheit etc. Das heißt wir brauchen Simple Past, um zu *berichten*, was gestern, vor einer halben oder Viertelstunde, letztes Jahr oder 2006 passiert ist. Häufig wird ein Zeitpunkt genannt – spätestens aus dem Kontext ist erkennbar, dass der Zeitpunkt zurückliegt. Signalwörter sind unter anderem *last week, …ago, again, in 2014, yesterday, when I was little etc.*

BUILD SIMPLE PAST
SIMPLE PAST BILDEN

Simple Past in Aussagen verwendet immer die 2. Form eines Verbs. Es gibt regelmäßige und unregelmäßige Verben und Du solltest die unregelmäßigen Formen kennen, sonst kommst Du schnell an Deine Grenzen. Viele häufig verwendete Verben sind unregelmäßig.

Regelmäßige Verben erhalten die Endung –ed. Dabei kann sich die Schreibweise ändern: Verben, die auf –e enden, erhalten nur ein –d angehängt, Verben, die auf –y enden, erhalten die Endung –ied.

	Simple Past/2. Form
to rain	*rained*
to walk	*walked*
to watch	*watched*
to phone	*phoned*
to live	*lived*
to carry	*carried…*

Unregelmäßige Verben - muss man lernen. Du findest auf S. 106/107 eine Liste.

	Simple Past/2. Form
to go	*went*
to see	*saw*
to run	*ran*
to have	*had*
to think	*thought*
to bring	*brought…*

Yes Positive Sätze

Du bildest einen Satz im Simple Past mit der 2. Form Verbs. Die Person ***he/she/it*** ist hierbei nicht von Bedeutung.

Regelmäßige Verben

*It **rained** a lot during our holiday.*	*(to rain)*
*He **washed** the car in the morning.*	*(to wash)*
*They **collected** the money earlier.*	*(to collect)*
*We **decided** to stay longer.*	*(to decide)*

Unregelmäßige Verben

*I **went** to school yesterday.*	*(to go)*
*She **let** the dogs inside.*	*(to let)*
*We **knew** we would be late.*	*(to know)*
*They **had to** hurry.*	*(must)*

	Aussage
*My mother **came** from Dijon.*	*sie ist verstorben*
*We **had** a cat and a dog.*	*war einmal*
*I **liked** her.*	*damals mochte ich sie*

Die eine Herausforderung im Simple Past ist es, die richtigen Formen der unregelmäßigen Verben zu kennen. Eine andere, Modalverben in der Vergangenheitsform richtig zu bilden. Wie diese hier:

must + can

Es gibt weder für *must* noch *can* eine 2. Form, daher verwendest Du Ersatzformen (Du kannst für *can* auch *could* verwenden).

must = have to

can = to be able to

*He **had to** leave early last night.* *(must=have to)*

*We **were able to** find the key.* *(can=to be able to)*

*oder: We **could** find the keys.*

No Sätze mit Verneinung

Hier gilt die gleiche Regel wie für BIG 1, dass Du negative Aussagen mithilfe des Hilfsverbs *do* + *not* bildest, aber selbstverständlich jetzt in der 2. Form: *do/**did**/done: **did not (didn`t)***. Durch *did* wird das Simple Past gebildet, weshalb das Vollverb nun in den Infinitiv springt.

Aussage	negativer Satz
She came from….	*She **did not come** from…*
We had a dog.	*We **did not have** a dog.*
He met us outside.	*He **did not meet** us outside.*
Dad worked late.	*Dad **did not work** late.*
I had to leave early.	*I **did not have to** leave early.*

Die Sätze mit Kurzformen:

*My mother **didn`t come** from...*

*We **didn`t have** a dog.*

*He **didn`t meet** us outside.*

*Dad **didn`t work** late.*

*I **didn`t have to** leave early.*

Why Fragen stellen

Auch Deine Fragen im Simple Past bildest Du unbedingt mit dem Hilfsverb ***did*** am Satzanfang. Das Vollverb geht zurück in den Infinitiv. Du antwortest in der Regel auf geschlossene Fragen nicht nur mit ´Ja, Nein`, sondern mit der Kurzantwort, die wie immer das Hilfsverb aufgreift:

Frage	Kurzantwort
***Did** my mother **come** from...?*	*Yes, she **did**.*
***Did** we **have** a dog?*	*No, we **did not (didn`t.)***
***Did** he **meet** us outside?*	*Yes, he **did**.*
***Did** dad **work** late?*	*Yes, he **did**.*
***Did** I **have to** leave early?*	*No, I **did not (didn`t)**.*

Und auch hier wieder gilt: Wenn es ein Fragewort gibt, dann steht dieses an Position eins, *did* an Position zwei.

*Why **did** we **go** to the cinema on Monday instead?*

*When **did** your friend **arrive** last night?*

Der Fehlerteufel kommt zum Vorschein, wenn Lernende das Hilfsverb *did* nicht sicher verwenden. Das *kann passieren.* Du möchtest das aber vermeiden: Nicht richtig: Moved your parents last week? Went you to the cinema? Go we to the cinema last night?

EXCEPTIONS
AUSNAHMEN

Auch wenn es Dir vielleicht (noch) nicht so erscheint – es gibt viele Parallelen innerhalb der Grammatik. Du hast von mir ja auf den vorherigen Seiten erfahren, dass das Hilfsverb *do* für Simple Present BIG 1 wichtig ist und für Simple Past gilt es auch: dann in der 2. Form *did*. Wenn Du Dich erinnerst, das Verb *to be* stellt bei BIG 1 eine Ausnahme dar, s. S. 30. Das gleiche gilt wieder für BIG 3 – Sätze mit dem Vollverb *to be* kommen in der Verneinung und Frage ohne *did* aus.

unregelmäßiges Verb

Infinitiv,1. Form	2. Form
to be	*was/were*

to be ist das einzige Verb, das zwei Formen im Simple Past hat, die wie folgt verwendet werden:

I	***was***	*We*	*were*
You	*were*	*You*	*were*
He, she, it	***was***	*They*	*were*

Also *I was, he was, she was, it was.*

Alle anderen Personen *You were, they were, we were.*

Ich war gestern bei meiner Tante.

*I **was** at my aunt`s yesterday.*

Wir waren heute Morgen im Zoo.

*We **were** at the zoo this morning.*

Bei negativen Sätzen fügst Du lediglich *not* ein:

Ich war gestern nicht bei meiner Tante.

*I **was not (wasn't)** at my aunt`s yesterday.*

Wir waren heute Morgen im Zoo.

*We **were not (weren't)** at the zoo this morning.*

Ich konnte den Schlüssel nicht finden.

*I **was not able to** find the key.*

Bei der Frage stellst Du *was* oder *were* an den Satzanfang.

War ich gestern bei meiner Tante?

***Was** I at my aunt`s yesterday?*

Waren wir heute Morgen im Zoo?

Were we *at the zoo this morning?*

Kein *did* nötig!!

Das ist eher keine Schwierigkeit (*did* nicht zu verwenden) denn Sätze ähneln der 1:1-Übersetzung deutscher Sätze.

Ich *war* hungrig. = I *was* hungry.

Sie *waren* neu in der Stadt. = They *were* new in town.

Lediglich mit dem *were* tun sich manche Lernenden schwer, denn es ist nicht so präsent und fühlt sich für Ungeübte gerade bei Fragen, in Kombination mit *where*, seltsam an:

Wo *warst* du gestern Abend?

*Where **were** you yesterday evening?*

DISSOCIATION
ABGRENZUNG

Und wieder wenden wir das Ausschlussverfahren an. Du möchtest und solltest Simple Past unbedingt anwenden, wenn Du berichtest, was vorbei ist, abgeschlossen, beendet. Trifft das auf Deine Aussage nicht zu, dann möchtest Du **Simple Past NICHT benutzen,** sondern eine der anderen Zeiten:

* WENN wir ausdrücken, dass etwas
generell gilt, regelmäßig passiert •BIG 1

* WENN etwas gerade im Moment
im Verlauf ist und das Ende absehbar ist •BIG 2

* WENN wir sagen möchten, dass etwas seit
geraumer Zeit gilt oder aktuell bedeutsam ist •BIG 4

* WENN unsere Aussage ist, dass etwas
erst noch passieren wird •BIG 5

REPEATING = LEARNING
WIEDERHOLEN und LERNEN

LERNSÄTZE BIG 3

*

Simple Past drückt aus, dass eine Handlung vorbei und beendet ist, dass sie in der Vergangenheit liegt und abgeschlossen wurde

*

Du sollest die unregelmäßigen Verben kennen für das Simple Past = die 2. Form. Regelmäßige Verben sind einfach in die Vergangenheit zu setzen: hänge –ed an

*

Du bildest Verneinungen und Fragen mit dem Hilfsverb did (= 2. Form von do). Das Vollverb steht dann im Infinitiv, denn es gilt: *did* bildet das Simple Past

*

Sätze mit dem Vollverb *to be* kommen ohne did aus, Du nutzt hier was/were und bildest damit auch Verneinungen und Fragen

*

do hat hier nichts zu suchen, ebenso wenig wie *–ing*

TEST YOURSELF

5 memorable sentences/5 einprägsame Sätze

*

1 *At the age of six, I learned how to swim.*

Mit sechs Jahren habe ich schwimmen gelernt.

2 *Did you do that yourself?*

Haben Sie/hast Du das selbst gemacht?

3 *We took the money and left.*

Wir nahmen das Geld und gingen.

4 *Where were you last night?*

Wo bist Du gestern Abend gewesen?

5 *Back then, I knew that I needed a change.*

Damals wusste ich, dass ich eine Veränderung brauchte.

*

SAY IN ENGLISH: Exercise positive statements

1 Wir sind früh ins Bett gegangen…

2 .. und am nächsten Tag spät aufgestanden.

3 Meine Mutter wohnte ihr ganzes Leben an einem Ort.

4 Die Blumen waren für mich.

5 Die Großeltern hatten einen Bobtail.

*

Exercise negative statements

1 Er wollte nicht sofort zurückkommen.

2 Leider konnten wir nicht kommen.

3 Das wussten wir ja nicht!

4 Die Arbeit war alles andere als einfach.

5 Das hast Du nicht selbst gemacht!

Solution on page 67

Exercise questions

1 Was habt ihr im Urlaub gemacht?

2 Wo warst Du gestern Abend?

3 Hatte sie Zeit für Dich?

4 Hat er die Prüfung damals zweimal nicht bestanden?

5 Wann und wo hast Du die gekauft?

*

Fill in the gaps

When I ________ (to be) a child, our family ________ (not, to have) a car. To make it worse, we ________ (to live) ′in the middle of nowhere′ - last buses at 8 pm, next shops half-an-hour`s drive away. That ________ (to make) me sad sometimes, but it ______(to be) just the way it ________ (to be). The reason for not having a car – as most people ________ (to have), ________ (to be) my father`s bad eye-sight. He simply never ________ (not, to make) his driver`s license. What this ________ (to mean) was: going on holiday by train, sending the suitcases ahead, being picked up by the hosts at the train station. ________ (I, to mind) at the time? Actually I _______ (to do)! I ________ (to feel) envious of my class mates whose parents all ________ (to seem) to have a car. But, from an environmental point of view, I guess our family already ________ (to help) to reduce CO2 consumption! So that _______ (to be) good! But really, I _______ (to enjoy) it when my sister finally ________ (to be allowed) to drive at 18. I then _______ (not, can) wait until I ________ (to turn) 18. To me, my first car ________ (to mean) freedom and mobility at last!

Solution on page 67

Solution for pages 65, 66

*Positive statements

1 We went to bed early…

2 …and got up late (on) the next day.

3 My mother lived in one place all her life.

4 The flowers were for me.

5 The grandparents had a bobtail/old English sheepdog.

*Negative statements

1 He didn`t want to return/come back immediately.

2 Unfortunately, we couldn`t come.

3 We didn`t know that!

4 The work was far from/anything but easy.

5 You didn`t do that yourself!

*Questions

1 What did you do on your last vacation?

2 Where were you last night?

3 Did she have time for you?

4 Did he fail the exam twice at that time?

5 When and where did you buy them/it?

*Fill in the gaps

was / didn`t have / lived / made / was / was / had / was / did not (didn`t) make / meant / Did I mind / did / felt / seemed / helped / was / enjoyed / was allowed / couldn`t / turned / meant

CHAPTER FOUR
PRESENT PERFECT BIG 4

I ***have done*** *it (for two years) =*
have eaten nothing but salad.

Das **Present Perfect** ist irgendwie *die verflixte* Zeit der englischen Grammatik für deutsche Muttersprachler/innen. Sie ist nicht leicht zu verstehen und erfordert daher vor allem: Übung, Übung, Übung. Wundere Dich nicht, dass dieses Chapter das umfangreichste im ganzen Buch ist. Hinzu kommt, dass es zwei Formen gibt: Simple + Continuous. Ich möchte Dir in diesem Chapter helfen, vor allem ein Bewusstsein für Present Perfect Simple zu entwickeln, zu verstehen und zu erkennen, warum die Zeit wichtig ist. Sie ist ganz einfach sehr präsent. Wenn Du Dich sicher fühlst, kannst Du auch Present Perfect Continuous üben.

Present Perfect transportiert die Information, dass entweder 1. eine Handlung irgendwann in der Vergangenheit begonnen hat und noch andauert oder 2. dass etwas bedeutsam ist für den Moment, in dem die Unterhaltung stattfindet.

	Aussage
Ich esse *jeden Tag* Salat.	regelmäßig
Ich esse *gerade* Salat.	im Moment
Ich aß gestern Salat.	gestern, vorbei
Ich *esse seit zwei Jahren* nichts als Salat.	Zeitraum seit
Ich esse *morgen Mittag* Salat.	Zukunft

	Aussage
I ***have eaten*** nothing but salad for two years.	Zeitraum seit

In unserer Muttersprache gibt es nichts Vergleichbares, daher müssen wir umdenken!

Deutsch	
Ich *wohne* im zweiten Stock.	generell
Ich *wohne* seit zehn Wochen hier.	seit..

Englisch	
I *live* on the second floor.	BIG 1
I ***have lived*** here for ten weeks.	BIG 4

Es ist mehr als verständlich, dass Du – Deine Muttersprache ist Deutsch – den Impuls verspürst, im zweiten Satz auch das Simple Present BIG 1 zu verwenden. Aber bitte tue das nicht!

I *live* here for ten weeks. *Nicht richtig!! vermeiden*

Es ist so lohnenswert für Deinen Sprachfortschritt, wenn Du Present Perfect anwenden kannst. Ich habe es schon oft erlebt, dass Lernende genau *das* als einen großen Schritt vorwärts in ihrer Sprachkompetenz empfunden haben, ganz einfach, weil viele Sätze auf Englisch damit richtig klingen. Sie wurden richtig gebildet, willkommen bei gutem *Use of English.*

Die 1. Erklärung „eine Handlung hat irgendwann in der Vergangenheit begonnen und dauert noch an" kennen viele Lernende noch aus ihrer Schulzeit. Was genau meine ich aber damit, wenn 2. „etwas bedeutsam ist für den Moment, in dem die Unterhaltung stattfindet"?

Ganz häufig sprechen wir im Alltag über Dinge, die ′gerade vor unserer Nase‵ passieren: *Ich war gerade in der Kantine und habe dort Max getroffen.* Oder *Ich habe mein Portemonnaie im Auto vergessen.* Oder wir hören Nachrichten *Die Polizei hat einen Einbrecher verhaftet*. In allen Beispielsätzen nenne ich keinen Zeitpunkt, der vorbei ist wie *vor fünf Minuten* oder *heute Morgen* oder *gestern Abend*. Daher sage ich:

*I **have** just **been** to the canteen and **have met** Max.*
*I **have left** my purse in the car.*
*The police **have arrested** a burglar.*

BY THE WAY…
GANZ NEBENBEI…

Gibst Du die obigen Sätze bei Deepl oder einem anderen Übersetzungsdienst ein, erhältst Du auch den Vorschlag, sie als Simple Past zu bilden, also oft beide Optionen. Der Grund ist: Deepl & Co. übersetzen einzelne Sätze ohne Kontext.

Und das ist entscheidend für die Abgrenzung zum Simple Past – *dieser Aspekt*: Passierte das Geschehen in der Vergangenheit und ist vorbei? Das kann ich nur im Kontext beantworten. Im aktiven Sprachgebrauch ist es immer eine Frage der Perspektive: Ist aus meinem Kontext eindeutig klar, dass ich über einen Zeitpunkt in der Vergangenheit spreche, auch wenn ich nicht *yesterday* oder ähnliches sage? Lässt sich diese Frage immer zu 100 Prozent eindeutig beantworten? Steht vielleicht doch eher der Bezug zu Jetzt im Vordergrund? Das kann Deepl nicht beantworten und bietet beide Optionen an. Das ist im Kern unter *Use of English* zu verstehen. Aus Erfahrung kann ich sagen, dass manche Lernende geradezu *vermeiden wollen,* Present Perfect zu verwenden, aber dann erfahren sie den so sehr gewünschten Lernfortschritt gar nicht!

Eine zusätzliche Herausforderung ist es, dass zwei Formen existieren: Present Perfect Simple + Continuous

I ***have lived*** here for ten weeks. **Simple**
I ***have been living*** here for ten weeks. **Continuous**

Continuous, das hast Du bereits gelernt, bedeutet, dass etwas andauert, im Verlauf ist. Present Perfect Continuous kann daher für dynamische Verben verwendet werden.

USE OF PRESENT PERFECT
VERWENDUNG

Nehmen wir den Satz:
Es hat geregnet. Die Botschaft ist: *Ich kann sehen, dass es geregnet hat, weil die Straße nass it.*
*It **has rained.** / It **has been raining**.*
Ich habe die Unterlagen gerade per Email geschickt.
*I **have** just **emailed** the documents.*

Warum stehen diese Sätze überhaupt im Present Perfect? Um das zu erklären, greife ich an dieser Stelle auf das Prinzip des Ausschließens zurück:

Bildest Du die Sätze im Simple Present BIG 1, also *I send..; it rains...* , dann würdest Du die Botschaft transportieren, dass Du generell, regelmäßig, wiederkehrend die Unterlagen schickst bzw. dass es generell, regelmäßig regnet. Das trifft nicht zu.

Bildest Du den Satz im Present Continuous BIG 2, also *I am sending..; it is raining..*, dann hört Dein Gesprächspartner heraus, dass Du gerade dabei bist, die Email zu senden bzw. es gerade regnet. Die Mail hast Du aber schon geschickt. Dass es gerade im Moment regnet stimmt zwar, aber Du kannst dann nicht den Umstand kommunizieren, dass es *seit zwei Stunden* regnet. Passt auch nicht.

Bildest Du den Satz im Simple Past BIG 3, also *I sent...; it rained...*, dann würdest Du Dich klar auf einen Zeitpunkt in der Vergangenheit beziehen, z.B. *an hour ago*. Und auch das trifft für beide Sätze nicht zu.

BIG 5 Will-Future steht hierbei nicht zur Option.

*It **has rained.** / It **has been raining**.*

*I **have** just **emailed** the documents.*

It is just what it is. Das kommt mir an dieser Stelle in den Kopf, weil ich all die Fragen von Lernenden vor Augen habe: *Aber warum kann ich nicht.... ? Warum heißt es nicht stattdessen....?*

Was soll ich darauf antworten? Es ist, wie es ist. So funktioniert die englische Sprache. Und ohne dass Du Present Perfect anwendest, klingt es ganz einfach häufig nicht richtig. (Es bestätigt vielleicht genau das, was auch Dein Eindruck ist – es klingt noch nicht gut.) Darum appelliere ich an dieser Stelle an

Dich: Erwäge Present Perfect als mögliche Option für Deinen Satz. Present Perfect könnte die Lösung sein, ganz besonders, wenn Du das Gefühl hast, Dir liegt keine Formulierung auf der Zunge! Das habe ich zig-fach erlebt. Lernende versuchen, Botschaften zu formulieren und denken nicht an Present Perfect. Sätze wie diese höre ich sehr häufig, wenn Lernende sich vorstellen:

I work here for ten years. ***nicht richtig.***

I work as a psychologist since 2006. ***nicht richtig.***

Richtig lauten die Sätze:

I ***have worked*** / I ***have been working*** *here for ten years.*

I ***have worked*** / I ***have been working*** *as a psychologist since 2006.*

Bitte tue es! Vergiss Present Perfect nicht, wenn Du kommunizierst. Present Perfect ist sehr präsent in der englischen Sprache.

Beispielsätze

I ***have found out*** *where the files are.*

Aussage: *Ich habe es (gerade erst) herausgefunden.*

The police ***have arrested*** *two burglars.*

Aussage: *Das ist soeben (vor kurzem) passiert und eine neue Information.*

Boris Johnson ***has resigned****.*

Aussage: *Er ist zurückgetreten, das ist die Nachricht.*

Have *you* ***eaten****?*

Aussage: *Ich möchte wissen, ob Du schon gegessen hast.*

Have *you* ***done*** *your homework?*

Aussage: *Ich frage, ob Du die Hausaufgaben erledigt hast.*

Has *she* ***studied*** *for the test?*

Aussage: *Ich frage, ob sie auf den Test vorbereitet ist.*

Wir treffen im Alltag ständig solche Aussagen, berichten über Neuigkeiten und fragen, ob jemand etwas *schon* erledigt hat. Und die obigen Sätze können weder im Simple Present noch im Simple Past richtig gebildet werden. Stünden sie im Simple Past, dann müssten sie den klaren Bezug zur Vergangenheit bilden:

Passierte zum Zeitpunkt in Vergangenheit = Simple Past:
This morning I ***found out*** *where the files are.*
Yesterday the police ***arrested*** *two burglars.*
Boris Johnson ***resigned*** *last night.*
What ***did*** *you* ***eat****? (z.B. last night)*
When did *you* ***do*** *your homework?*
Did *she* ***study*** *enough before she* ***wrote*** *the test?*

Du verwendest ebenfalls Present Perfect, wenn Du kommunizieren oder fragen möchtest, ob jemand jemals bzw. niemals seit der Geburt bis zum heutigen Tag etwas getan hat:

Have *you ever* ***been*** *to Japan?*
I ***have*** *never* ***been*** *to Japan.*
She ***has*** *never* ***been*** *to Japan, either.*
Den letzten Aspekt, den ich ansprechen möchte, bevor wir darauf schauen, wie Present Perfect gebildet wird, sind Sätze mit *habe… getan.., habe …. gemacht*. Diese können im Present Perfect stehen, aber nicht unbedingt! Present Perfect ist **nicht** die 1:1 Übersetzung von *habe… gemacht/getan.* Du musst unterscheiden, ob das kommunizierte Geschehen in der Vergangenheit lag oder der Bezug zum Jetzt besteht:
Deutsches Verb verändert sich nicht:

Ich habe gestern spät gegessen.	vorbei
Ich habe schon gegessen.	Bezug zu jetzt

Englisch = Verb/Zeit ändert sich:

*I **ate** late last night.*	vorbei BIG 3
*I **have** already **eaten**.*	Bezug zu Jetzt

BOOKMARK
MERKE

Das **Present Perfect** verwendest Du immer dann, wenn Du ausdrückst, dass 1. etwas in der Vergangenheit begonnen hat und andauert. Das wird meistens mit dem Wort seit *(since, for)* transportiert; z.B. *Ich wohne seit… Ich arbeite seit.. Das ist mein Hobby seit…* 2. etwas eine Bedeutung für den Moment hat, in dem Du kommunizierst, also entweder eine neue Information für Deinen Gesprächspartner ist oder ausdrückt, dass Du/sie/er etwas *schon, bereits* gemacht hast/hat. Signalwörter für Present Perfect sind u.a. *just, since, for, yet, not yet, ever, never, recently, up to now, already.* Es hilft Dir, wenn Du weißt: In einem Satz mit Present Perfect steht i.d.R. nicht *yesterday* oder ein anderer Zeitpunkt in der Vergangenheit. Sehr häufig ist gar kein Zeitpunkt genannt! *Wo warst Du? Where **have** you **been**?* Es existieren zwei Formen: Simple und Continuous. Dein Fokus sollte zuerst auf dem Present Perfect Simple liegen.

Typische Present Perfect-Sätze

1 Wo bist Du gewesen? *1

*Where **have** you **been**?*

2 Ich habe Dich gesucht! *2

*I **have been looking** for you.*

3 Haben Sie die Email schon geschickt? *3

***Have** you already **sent** the email?*

4 Sie ist noch nicht angekommen.

*She **hasn`t arrived** yet.*

5 Wo ist Mama? - Sie ist zum Supermarkt gefahren.

*Where is mom? She **has gone** to the supermarket.*

6 Was hast Du gekocht? *4

*What **have** you **cooked**?*

7 Ich habe den Hund gerade noch gesehen.

*I **have** just **seen** the dog?* *5

8 Ich habe schon mal Wasser aufgesetzt.

*I **have put** the kettle on.* *6

9 Hattest Du schon Dein Jahresgespräch?

***Have** you **had** your annual appraisal yet?* *7

10 Ich habe das Buch ausgelesen. Du kannst es lesen.

*I **have finished** reading the book. You can read it.*

*1 es wird nicht gefragt: wo warst Du vor 1 Stunde (zum Zeitpunkt x in der Vergangenheit), vielmehr liegt der Fokus auf der Tatsache Du warst bis eben nicht da, also wo bitteschön warst Du?

*2 jemand hat – bis jetzt – nach der Person gesucht

*3 hier ist nicht wichtig der Zeitpunkt des Sendens, sondern die Information + Überraschung, *dass* etwas *bereits* angekommen sein soll

*4 es wird nicht gefragt: was hast Du gestern gekocht, sondern eher vorstellbar: es duftet lecker nach Essen

*5 she-dog..eigentlich sind Tiere sächlich, aber sie werden de facto personalisiert

*6 Ich weiß nicht, wie oft dieser Satz täglich in England fällt! 10mal am Tag.... kettle = Wasserkocher für Teewasser

*7 Auch hier geht es wieder nicht um einen Zeitpunkt, der in der Vergangenheit liegt

Yes Positive Sätze

Das Present Perfect **Simple** bildest Du mit:

Hilfsverb	+	**Vollverb**
have	+	Partizip Perfect = 3. Form
has ***he/she/it***	+	Partizip Perfect = 3. Form

1. Infinitiv	**2. Simple Past**	**3. Partizip Perfect**
to rain	*rained*	*rained*
to sleep	*slept*	*slept*
to see	*saw*	*seen*
to drink	*drank*	*drunk*

Häufig werden das *Subject + have/has* zusammengezogen und in der *Kurzform* verwendet:

Langform	Kurzform
Es hat geregnet. (Straße ist nass)	
*It **has rained**.*	***It`s rained**.*
Der Hund hat bis jetzt geschlafen. (gerade aufgewacht)	
*The dog **has slept** all day.*	*The **dog`s slept** all day.*
Wir haben uns viel gesehen.	
*We **have seen** each other a lot.*	***We`ve seen** each other a lot.*
Sie hat gerade einen Cocktail gehabt.	
*She **has** just **had** a cocktail.*	***She`s** just **had** a cocktail.*

! `s steht hier für *has*.

! *have* kann im gleichen Satz Hilfsverb + Vollverb sein.

Falls Du Dich sicher genug fühlst:

*

Das Present Perfect **Continuous** bildest Du so:

Hilfsverb	+	**3. Form to be**	+	**Vollverb**
have	+	been	+	watch**ing**
has ***he,she it***	+	been	+	do**ing**

Langform	Kurzform
Es regnet den ganzen Tag.	
It ***has been raining*** *all day.*	***It`s been raining*** *all day.*
Der Hund schläft seit Stunden.	
The dog ***has been sleeping*** *for hours.*	
	The ***dog`s been sleeping****…*
Wir gucken die Serie seit der ersten Folge.	
We ***have been watching*** *the series from the start.*	
	We`ve been watching*…*
Bis jetzt hatten wir viel Spaß!	
We ***have*** *been* ***having*** *a good time so far!*	
	We`ve been having*….*

*

No Sätze mit Verneinung

Verneinungen des Present Perfect **Simple** bildest Du so, indem du *not* hinzufügst, häufig wird *not* + *have/has* als Kurzform verwendet:

Simple

Langform	Kurzform
Es hat nicht geregnet.	
*It **has not rained**.*	*It **hasn't rained**.*
Der Hund hat noch nicht geschlafen.	
*The dog **has not slept** yet.*	*The dog **hasn`t slept** yet.*
Wir haben uns nicht viel gesehen.	
We ***have not seen** each other a lot.*	
	*We **haven`t seen** each other a lot.*
Sie hat gerade keinen Cocktail gehabt.	
*She **has not*** just ***had** a cocktail.*	*She **hasn`t** just **had**….*

Wenn das Vollverb auch *have* lautet, fällt es Lernenden schwer, das Present Perfect konsequent anzuwenden, denn im gleichen Satz steht zweimal *have*. Das ist nur ungewohnt – solange Du diese Sätze bisher nie aktiv selbst gebildet hast.

Ich war beim Friseur.

*I **have had** a haircut.* *I`**ve had** a haircut.*

Sie hatte gerade erst eine Erkältung.

*She **has** just **had** a cold.* ***She`s** just **had** a cold.*

Falls Du Dich sicher genug fühlst:

*

Continuous

Langform | Kurzform

Es regnet nicht den ganzen Tag.

*It **has not been raining** all day.* *It **hasn`t been raining**…*

Lehrer: „Schüler, ihr habt nicht zugehört!"

*You **have not been listening**!* *You **haven`t been listening**!*

Sie haben nicht den ganzen Abend getanzt.

*They **have hot been dancing** all night.*

*They **haven`t been dancing** all night.*

Sie hat nicht über ein neues Auto nachgedacht.

*She **has not been thinking** about buying a new car.*

*She **hasn`t been thinking** …*

*

Why Fragen stellen

Fragen bildest Du im Present Perfect mit dem Hilfsverb *have/has,* das ja –praktischerweise– Bestandteil der Grammatik ist, um die Zeit zu bilden. Wie gewohnt stellst Du das Hilfsverb an den Satzanfang. Antworten kannst du auf geschlossene Fragen mit einer Kurzantwort – und diese greift das Hilfsverb auf. Fragewörter stehen noch **vor** *have/has*:

Simple

Am Satzanfang | Kurzantwort

Hat es geregnet? (Die Straße ist nass.)

***Has** it **rained**?* *Yes, it **has**.*

Hat der Hund geschlafen?

***Has** the dog **slept**?* *No, she **hasn`t**.*

Habt ihr euch viel gesehen?

***Have** you **seen** each other a lot?* *Yes, we **have**.*

Hat sie gerade einen Cocktail gehabt?

***Has** she just **had** a cocktail?* *Yes, she **has**.*

Ist sie zurück?

***Has** she **come** back?* *No, she **hasn`t**.*

Manchmal fällt es Lernenden schwer, Fragen mit *Has/Have* zu bilden. Sie sind es einfach nicht gewohnt – es fehlt an Übung. Besonders, wenn *have* nicht nur Hilfsverb, sondern auch Vollverb in einem Satz ist. Merke: das ist richtig so und muss auch so sein:

Falls Du Dich sicher genug fühlst:

*

Continuous

Am Satzanfang Kurzantwort

Regnet es schon den ganzen Tag?

***Has** it **been raining** all day?* *Yes, it **has**.*

Lehrer: „Schüler, habt ihr zugehört?"

Have** you **been listening**?* *No, we **haven`t.

Haben sie den ganzen Abend getanzt?

***Have** they **been dancing** all night? Yes, they **have**.*

Hat sie über ein neues Auto nachgedacht?

***Has** she **been thinking** about buying a new car.*

*No, she **hasn`t.***

Worüber haben sie gesprochen?

*<u>What</u> **have** they **been talking** about?*

*

DISSOCIATION
ABGRENZUNG

Du weißt schon, was kommt. Vielleicht ist die Reflektion darüber, wann ich Present Perfect *nicht* benutzen kann, besonders wichtig – weil das Lernenden in der Regel nicht so richtig in den Kopf will. Denn: Du möchtest Present Perfect Simple oder Continous immer dann verwenden, wenn Du darüber sprichst, dass Du etwas *seit* Zeitpunkt xy tust, beispielsweise *Du wohnst seit zwei Jahren…* oder *Du arbeitest seit 2020 als* …. Außerdem drückst Du damit aus, dass etwas gerade von Bedeutung ist für Deinen Gesprächspartner und Du das Geschehene nicht konkret mit einem Zeitpunkt in der Vergangenheit verbindest. Das ist auch bei Nachrichten der Fall: *Die Polizei hat einen Einbrecher verhaftet. The police have arrested a burglar.* Ich hoffe, dass es Dir hilft, wenn Du Dir klarmachst, Du solltest **Present Perfect NICHT verwenden**:

* WENN Du ausdrücken möchtest, dass etwas generell gilt, regelmäßig passiert •BIG 1

* WENN etwas gerade im Moment im Verlauf ist und passiert •BIG 2

* WENN Du sagen möchtest, dass etwas zu einem Zeitpunkt passierte, der eindeutig in der Vergangenheit lag und diesen Zeitpunkt nennst Du auch •BIG 3

* WENN Deine Aussage ist, dass etwas erst noch passieren wird •BIG 5

REPEATING = LEARNING

WIEDERHOLEN und LERNEN

LERNSÄTZE BIG 4

*

Present Perfect drückt aus, dass etwas *seit*.. andauert oder einen wichtig Bezug für JETZT hat...

*

Es gibt zwei Formen: Simple + Continuous, zweitere benutzt Du bei dynamischen Verben

*

Die Bildung erfolgt mit dem Hilfsverb have/has + 3. Form (Partizip Perfekt); bei Continuous+ –ing

*

Fragen und Verneinungen bildest Du mit have/has + not. – *do, does, did* haben hier nichts zu suchen

*

Die Frage ist meistens: Ist ein Geschehen vorbei oder nicht, also eine klare Abgrenzung zum Simple Past

TEST YOURSELF

5 memorable sentences/5 einprägsame Sätze

*

1 *He has never been outside Europe.*

Er war noch nie außerhalb Europas.

2 *They have always thought about it.*

Sie haben schon immer darüber nachgedacht.

3 *Where have you been and have you seen Dave?*

Wo bist Du gewesen und hast Du Dave gesehen?

4 *How long have you been living here?*

Wie lange wohnen Sie schon hier?

5 *She has been working for Audi for three months.*

Sie arbeitet seit drei Monaten bei Audi.

*

SAY IN ENGLISH: Exercise positive statements

1 Wir wohnen seit einer Woche im neuen Haus.

2 SONG: „Ich suche nach der Freiheit"

3 Kannst Du es sehen: Ich habe aufgeräumt.

4 Ich versuche das seit Jahren.

5 Sie hat gerade zu Mittag gegessen.

*

Exercise negative statements

1 Du hast Oma immer noch nicht angerufen!

2 Sie haben kein Haus gefunden.

3 Das hat er mir noch gar nicht erzählt.

4 Ich war noch niemals in Mexiko.

5 Ihr habt mir gar nicht zugehört!

Solution on page 86

Exercise questions

1 Seit wann wohnst Du hier?

2 Seit wann arbeitest Du dort?

3 Bist Du schon mal dort gewesen?

4 War sie beim Friseur?

5 Wie lange denkst Du schon darüber nach?

*

Fill in the gaps

(A meeting at work)

Peter: "Can we just sum up what we ________ ________ (achieve) so far? Bob, please put us in the picture here."

Bob: "No problem. During the last weeks, we ________ ________ (see) figures rise by 15 percent. Also, complaints ________ ________ (drop) below the margin of last month`s. Finally, this ________ ________ (result) in an overall performance plus of 5 percent. "

Peter: "Thanks, Bob. Could you also tell us how the team ________ ________ (manage) to achieve this in such a short time?" Bob: "Well, everybody in the team ________ ________ ________ (work) very hard up to now and ________ ________ (show) a great commitment. That is why I really would like to thank each of you. You all made it possible."

Peter: ________there ________ (be) any major problems showing up so for? What ________ ________ (prove) to be the biggest challenges?" Bob: "Our biggest challenge ________ ________ (be) to overcome an initial reluctance to get going. But once that had been overcome, everyone ________ really ________ (put) a lot of effort into the project."

Solution on page 86

Solution for pages 84, 85

*Postive statements
1 We have been living in the new house for a week.
2 "I have been looking for freedom"
3 Can you see, I have cleaned up.
4 I have been trying to do that for years.
5 She has just had lunch.

*Negative statements
1 You still haven`t called grandma!
2 They have not found a house.
3 He hasn`t told me that yet.
4 I have never been to Mexico.
5 You haven`t listened/haven`t been listening to me!

*Questions
1 How long have you been living here?
2 How long have you worked/been working there?
3 Have you ever been there?
4 Has she been to the hairdresser?
5 How long have you been thinking about this?

*Fill in the gaps
have achieved / have seen / have dropped / has resulted / has, have[3] managed / has been working / has shown / Have been / have proved / has been / has put

---

[3] *have* und *has* sind mögliche Lösungen, da *the team* sowohl als Ganzes = *it* oder als Gruppe von Personen = *they* (collective noun) angesprochen werden kann

CHAPTER FIVE

WILL-FUTURE BIG 5

I ***will do*** *it (tomorrow) = will eat a salad.*

Mir ist es wichtig, dass wir über die Zukunft sprechen oder besser gesagt, darüber, wie Du richtig ausdrückst, dass Du Zukunft *meinst,* wenn Du auf Englisch kommunizierst. Kurz vorneweg: Es gibt mehr als eine Option, zukünftige Handlungen über die Grammatik der englischen Sprache zu transportieren, beispielsweise *Going to, Present continuous, Future continuous, Future perfect.*

Ich spreche diese Optionen hier nicht an, sondern lege meinen Fokus auf **Will-Future** als eine der BIG 5-Zeiten aus zwei Gründen: Will-Future wird häufig gebraucht und es ist für Ungeübte eine gute und leicht lernbare Lösung, um klarer zu kommunizieren.

Denn Lernende tendieren dazu, in englischen Sätzen *gar keine Future-tense* zu nutzen. Sobald Du *will-Future* verstanden und eingeübt hast, empfehle ich Dir unbedingt, auch die weiteren Zeiten für Zukunft der englischen Grammatik anzuschauen und zu verwenden – wenn Du Dich weiter verbessern möchtest. Denn: Muttersprachler/innen benutzen weit mehr als *will*, um Zukünftiges zu kommunizieren! Mir ist im Laufe der Jahre aufgefallen, dass manche Nicht-Muttersprachler ausschließlich *will* und keine anderen Future-Zeiten benutzen. Ich denke, es lässt sich sagen, sie werden verstanden. [4]

Nun aber zum Thema. Schauen wir wieder auf den deutschen Ausgangssatz. Es wird schnell klar, warum *will* (oder eine Zeit für Future allgemein) bei einer 1:1 Übersetzung leicht unter den Tisch fallen kann:

	Aussage
Ich **esse** *jeden Tag* Salat.	regelmäßig
Ich **esse** *gerade* Salat.	im Moment
Ich aß gestern Salat.	gestern, vorbei
Ich **esse** *seit zwei Jahren* nichts als Salat.	Zeitraum seit
Ich **esse** *morgen Mittag* Salat.	Zukunft
Bitte sage nicht: I **eat** salad tomorrow.	Bitte nicht.
Sage stattdessen:	**Aussage**
I **will eat** salad tomorrow for lunch.	wird passieren

Will-Future wird in vielen Fällen verwendet, nämlich für:

-Vorhersagen

-spontane Äußerungen; spontane Ideen

-Vermutungen, etwas, das ich nicht beeinflussen kann

-Angebote

-Versprechen

-wenn wir meinen: wollen, bereit sein, glauben

[4] In meinen anderen Büchern sind *alle* Zeiten für Zukunft ein Thema.

BOOKMARK

MERKE

Wenn Du Englisch sprichst, möchtest Du immer, wenn es um zukünftige Handlungen geht, eine *Future-tense* in Deinen Satz einbauen. Manchmal – aber eher selten – kann das die Zeit Simple Present sein: *Der Bus fährt um 8 Uhr. = The bus leaves at 8 am.* Aber nur, wenn es um Zeitpläne geht, um Abfahrten, Vorstellungsbeginne, die jeden Tag und regelmäßig um die gleiche Uhrzeit stattfinden. In allen anderen Fällen braucht die englische Grammatik *Future tense* und die einfachste davon ist *will.* Mit **will-Future** kannst Du gut und richtig ausdrücken, dass Du über ein zukünftiges Ereignis sprichst. Signalwörter für zukünftige Handlungen sind zum einen Zeitpunkte in der Zukunft wie *tomorrow, later, at the weekend, next Thursday, in two weeks etc.*, zum anderen wird *will* auch bei Vermutungen, Hoffnungen, Zweifeln, also in Verbindung mit diesen Verben verwendet: *expect, hope, doubt, think, believe* verwendet:

I expect it ***will rain*** *later.*

However, I hope the sun ***will come out*** *instead.*

I doubt he ***will be*** *on time.*

I think this ***will be*** *easy.*

She believes he ***will like*** *her present.*

BUILD WILL-FUTURE
WILL-FUTURE BILDEN

Es fällt Dir sehr wahrscheinlich nicht schwer, diese Zeit richtig zu bilden, denn das ist denkbar einfach. Die Schwierigkeit besteht darin, an sie zu denken – wenn Du über Ereignisse kommunizierst, die zeitlich noch vor Dir liegen!

Yes Positive Sätze

Du fügst vor Deinem Verb das Modalverb *will* ein:
Es regnet morgen.
*It **will rain** tomorrow.*
Wartet, ich komme mit euch!
*Wait, I **will come** with you!*
Ich glaube die Aktien sinken bald.
*I think share prices **will fall** soon.*
Ich fange mit dem Lernen definitiv heute Abend an.
*I **will** definitely **start** studying tonight.*
Sie wird pünktlich sein.
*She **will be** on time.*

Da *will* zu den Modalverben gehört, und hinter Modalverben immer ein Infinitiv steht, verwendest Du immer die Grundform Deines Hauptverbs. Es ist also egal, ob Du von *we, you* oder *he,she,it* sprichst!
*I **will like** it.*
*You **will like** it.*
*She **will like** it.*
*It **will like** it, too.*

Nicht immer ist eindeutig zu *er-hören,* dass Muttersprachler/innen *will* verwenden – immer dann, wenn sie die Kurzform benutzen, aber sie ist da!!

*It`**ll rain** tomorrow.*

*Wait, I`**ll come** with you!*

*I think they`**ll fall** soon.*

*I`**ll** definitely **start** studying tonight.*

*She`**ll be** on time.*

No Sätze mit Verneinungen

Bei Sätzen mit einer negativen Aussage setzt Du zwischen *will* und Vollverb das Wort *not*:

Es regnet morgen nicht.

*It **will not rain** tomorrow.*

Geht ruhig, ich komme nicht mit.

*You can go, I **will not come**.*

Ich glaube die Aktien sinken nicht.

*I think the share prices **will not fall**.*

Ich fange mit dem Lernen definitiv nicht heute an.

*I **will** definitely **not start** studying today.*

Sie wird nicht pünktlich sein.

*She **will not be** on time.*

In der Kurzform existiert das Wörtchen *won`t*:

*It **won`t rain** tomorrow.*

*You can go, I **won`t come**.*

*I think they **won`t fall**.*

*I definitely **won`t start** studying today.*

*She **won`t be** on time.*

Why Fragen stellen

Will ist ein Modalverb und gehört damit zu den englischen Hilfsverben, es eignet sich daher, um Fragen zu bilden. Das heißt, Du stellst *will* an den Satzanfang und in Deinen Kurzantworten greifst Du es wieder auf:

	Kurzantwort
Will *it* ***rain*** *tomorrow?*	*Yes, it* ***will****.*
Will *you* ***come*** *with us?*	*No, I* ***won`t****.*
Will *the share prices* ***fall*** *soon?*	*Yes, they* ***will****.*
Will *I* ***start*** *studying tonight?*	*No, I* ***won`t****.*
Will *she* ***be*** *on time?*	*Yes, she* ***will****.*

Fragewörter stehen, wie immer, noch vor dem Hilfsverb:

When ***will*** *it rain tomorrow?*
Why ***will*** *you not come with us?*
When ***will*** *share prices fall?*

Ich bin mir sehr sicher, dass Du *will* bereits verwendet hast, nur vielleicht war Dir nicht so bewusst, wie wichtig es für Deine Aussage ist, sobald Du über etwas berichtest, dass erst zu einem späteren Zeitpunkt stattfinden wird. Vielleicht hilft Dir ein schöner Merksatz dabei, das von nun an nicht mehr zu vergessen:

In future, I WILL use future tenses!

DISSOCIATION
ABGRENZUNG

Ich kommentiere jetzt nicht mehr, warum ich diese Abgrenzung mache, denn ich glaube, das hast Du an diesem Punkt verstanden. Es geht *immer* darum, dass Du Dich fragst, was Du gerade ausdrücken möchtest. Und *will* verwendest Du unbedingt, wenn Du Zukünftiges kommunizieren möchtest und Dir keine andere Zeit für Zukunft geläufig ist. Sätze, die sich auf Zukünftiges beziehen, aber im Simple Present gebildet werden (passiert häufig), sind, grammatikalisch gesehen, nicht richtig. Ich hoffe, es hilft Dir, noch einmal zu reflektieren, dass Du **Will-Future NICHT verwendest**:

* WENN Du ausdrücken möchtest, dass etwas generell gilt, regelmäßig passiert •BIG 1

* WENN etwas gerade im Moment im Verlauf ist und passiert •BIG 2

* WENN Du sagen möchtest, dass etwas zu einem Zeitpunkt passierte, der eindeutig in der Vergangenheit lag und diesen Zeitpunkt nennst Du auch •BIG 3

* WENN Deine Aussage ist, dass etwas seit geraumer Zeit anhält •BIG 4

REPEATING = LEARNING

WIEDERHOLEN und LERNEN

LERNSÄTZE BIG 5

Will-Future brauchst Du, um auf Englisch zu kommunizieren, dass eine Handlung oder ein Geschehen noch aussteht

*

Die Bildung ist nicht kompliziert, verwende will + ein Verb im Infinitiv

*

Du bildest Verneinungen, indem Du will not oder won`t verwendest, immer auch + ein Verb im Infinitiv

*

Bei Fragen stellst Du will an den Satzanfang.

*

Es gibt noch weitere Zeiten, um Zukunft auszudrücken, z.B. Going to, Present Continuous, Future Continuous oder Future Perfect[5]

[5] Eine Übersicht findest Du im *Chapter Six* auf S. 99, 100

TEST YOURSELF

5 memorable sentences /5 einprägsame Sätze

*

1 *When will I see you next?*

Wann sehe ich Dich das nächste Mal?

2 *I will do it later.*

Das werde ich später machen.

3 *I think I will get some food on my way home.*

Ich denke, ich besorge auf dem Heimweg etwas zu essen.

4 *She will let you know soon.*

Sie wird Ihnen/Dir bald Bescheid geben.

5 *I will do sports tomorrow.*

Ich werde morgen Sport treiben.

*

SAY IN ENGLISH: Exercise positive statements

1 Bob und Paul werden am Meeting teilnehmen.

2 Die Zahlung erfolgt auf Ihr Konto.

3 Ich denke, ich nehme heute das Fahrrad.

4 Ich gieße noch eben die Blumen.

5 Sie wird Tom bald heiraten.

*

Exercise negative statements

1 Dieses Jahr werden wir nicht in den Urlaub fahren.

2 Tut mir leid, aber heute bleiben wir nicht lange.

3 Die Arbeiten werden nicht in zwei Stunden fertig sein.

4 Ich werde Dir heute nicht antworten.

5 Die Klassenarbeit wird nicht einfach werden.

Solution on page 97

Exercise questions

1 Wann bist Du hier? / Wann wirst Du hier sein?

2 Wann siehst Du Deine Mutter?

3 Wann trefft ihr euch und wo?

4 Wie lange wird das dauern?

5 Wie oft wirst Du herkommen?

*

Fill in the gaps

On the news, they said it ________ (to be) a sunny and rather hot afternoon. I think I ________ (to go) to the lake and ________ (to meet) my friends there. And I can promise my mother that we ________ (to be) back early enough to visit grandpa in the evening. I know my mother ________ (not, to be) very happy about it, but what can I do. I definitely ________ (not, to miss) the opportunity to spend the afternoon swimming in a cool lake! What about you? What ________ (you, to do) this afternoon?

Solution on page 97

Dieser QR-Code leitet Dich weiter zu einer Übung **alle BIG 5** einsetzen:

Solution for pages 95,96

*Positive statements

1 Bob and Paul will attend/will be at the meeting.

2 The payment will be made to your account.

3 I think I`ll take the bike today.

4 I`ll just water the flowers.

5 She`ll soon marry Tom.

*Negative statements

1 This year we will not/won`t go on vacation.

2 I`m sorry but today we won`t stay long.

3 The work will not/won`t be finished in two hours.

4 I will not/won`t answer you today.

5 The class test will not be easy.

*Questions

1 When will you be here?

2 When will you see your mother?

3 When will you meet and where?

4 How long will it take?

5 How often will you come here?

*Fill in the gaps

will be / will go / will meet / will be / will not be, won`t be/ will not miss, won`t miss / will you do

CHAPTER SIX
ÜBERBLICK WEITERE ZEITEN

Herzlichen Glückwunsch! Du hast die BIG 5 kennengelernt und hoffentlich fällt es Dir zukünftig einfacher, Dich gut auf Englisch auszudrücken. Das war der erste Schritt, damit Du ans Sprechen kommst: Deine deutschen Gedanken nicht mehr 1:1 übersetzen, sondern Sätze sicher in der richtigen Zeit bilden. Das heißt (leider) nicht, dass Du keinerlei Fehler mehr machen wirst, vor allem beim spontanen Sprechen – es braucht tatsächlich Zeit und Übung. Das ist normal!

Im zweiten Schritt schaust Du Dir bitte an, welche weiteren Zeiten die englische Grammatik Dir bietet, um Dich noch präziser auszudrücken. Dabei überlege, wie häufig Du welche davon gut gebrauchen könntest. Stell Dir Situationen vor, in denen Du diese Zeiten hilfreich fändest.

- WEITERE ZEITEN für VERGANGENHEIT

PAST CONTINUOUS

*I **was eating** salad when….*

Das Past Continuous benötigst Du, um auszudrücken, dass zwei Handlungen gleichzeitig in der Vergangenheit passierten. Z.B.

Als wir am Campingplatz ankamen, regnete es.

Der Regen ist eine Rahmenhandlung: Es regnete, bevor ihr ankamt, währenddessen und auch noch danach; der Regen dauerte also länger an als Euer Ankommen! Das drückt Past Continuous aus, die andere Handlung steht im Simple Past.

*It **was raining** when we **arrived** at the camping site.*

PAST PERFECT + CONTINUOUS

*I **had eaten** salad before…*

*I **had been eating** salad before…*

Das Past Perfect brauchst Du, um auszudrücken, dass eine Handlung bereits vor einer anderen passierte (deutsches Plusquamperfekt: hatte getan). Also zum Beispiel, wenn Du sagen möchtest, wie lange vor der Hochzeit Du Deinen Mann, Deine Frau 'bereits` gekannt hattest:

Wir kannten uns drei Jahre, bevor wir heirateten.

*We **had known** each other for three years before we **got** married.*

Das ist Vor-Vergangenheit. Eine Handlung passierte vor einer anderen: 1. Kennenlernen, 2. Heirat.

Das Past Perfect Continuous drückt aus, dass etwas bis zu einem Zeitpunkt in der Vergangenheit angedauert hatte:

Wir hatten sechs Monate daran gearbeitet, bevor…

*We **had been working** on the project for six months before we finally **presented** it to the customer.*

- WEITERE ZEITEN für ZUKUNFT

GOING-TO-FUTURE

*I **am going to** eat salad once...*

Wird in der englischen Sprache verwendet, um auszudrücken, dass Du einen Plan, ein Vorhaben – aber noch keine konkreten Schritte in eine Richtung unternommen – hast. Du könntest Dir merken, immer wenn Du meinst *I am planning to do = I am going to…* Das betrifft natürlich auch die Pläne von anderen Personen. Zum Beispiel:

*Was hat Deine Tochter vor, nach der Schule zu machen? (Was plant sie?) What **is** your daughter **going to** do after school?*

Die Antwort könnte sein:

Sie hat vor, zu studieren, aber weiß noch nicht was.
*She **is going to** apply for university, but hasn`t decided on a subject yet.*

FUTURE PERFECT
*I **will have eaten** a salad by…*
Benötigst Du, um auszudrücken, dass bis zu einem Zeitpunkt in der Zukunft etwas passiert sein wird:
Ich werde die Unterlagen bis Freitag durchgearbeitet haben.
*I **will have had** a look at the documents by Friday.*

FUTURE CONTINUOUS
*I **will be eating** a salad at 12:15...*
Wird verwendet, um auszudrücken, was Du/jemand anderes zu einem bestimmten Zeitpunkt (Zeitfenster) in der Zukunft, sehr sicher, tun wirst:
Ruf Opa nicht um 8 an, er wird die Nachrichten schauen!
*Don`t call grandpa at 8, he **will be watching** the news!*
Was machst Du heute Abend?
*From 8-9 I **will be doing** yoga.*
Und morgen früh?
*I **will be working** until 12.*

- PASSIVE vs. ACTIVE

Aktive und passive Satzkonstruktionen sind ein Thema in der Grammatik. Ich kann Sätze in beiden Aspekten bilden:

Mein Vater baut ein Haus.	*Aktiv*
*Das Haus **wird** von meinem Vater **gebaut**.*	*Passiv*
My father is building a house.	*Active*
*The house **is being built** by my father.*	*Passive*

Ich kann passive Sätze in jeder Zeit der Grammatik formen. Dafür verwende ich immer eine Form von *to be* (nach den Regeln jeder beliebigen Zeit gebildet) + Partizip Perfekt = 3. Form. Passive Satzkonstruktionen klingen formell, indirekt. Ich rate Lernenden: bevorzugt die aktive Form! Aber manchmal brauchen wir das Passiv natürlich auch oder möchten es verwenden.

- CONDITIONALS/IF-CLAUSES

Die IF-Clauses brauchen wir häufig in unserer Kommunikation. Es gibt drei Typen. Vermutlich fällt Dir Typ I leicht, weil die Bildung sehr ähnlich zu unseren deutschen Sätzen erfolgt, Typ II erfordert dagegen Übung, ebenso wie Typ III.

TYP I

Ursache – Folge: Wenn A passiert, dann folgt B.

Wenn es regnet, bleiben wir heute zu Hause.

If it ***rains****, we* ***will*** *stay at home today.*

TYP II

Hypothese – etwas, das sein könnte, aber nicht so ist.

Wenn ich Du wäre, würde ich mich schnell entscheiden.

If I ***was/were*** *you, I* ***would*** *take a decision quickly.*

TYP III

Was hätte sein können, aber anders in der Vergangenheit abgelaufen ist; leider nicht mehr zu ändern!

Wenn ich das gewusst hätte, hätte ich Ihnen die Informationen schon zugesendet.

If I ***had known*** *that, I* ***would have sent*** *you the information already.*

- REPORTED SPEECH/INDIRECT SPEECH

Benötigen wir dann, wenn wir einer dritten Person berichten, was eine zweite Person uns erzählt hat. Stell Dir vor, Du zitierst jemanden. Im Englischen verwendest Du dafür *Backshifting* – Du gehst immer eine Zeit *zurück*. Das fühlt sich für Ungeübte seltsam an, aber hierdurch wird eine Distanz hergestellt. Dein Gesprächspartner hört: Nicht Du hast das gesagt, sondern jemand anderes. Das passiert ständig im Journalismus:

Olaf Scholz: „Wir müssen schneller handeln."

Today Mr Scholz said that the government ***needed to act*** *faster.*

Tom: „Ich habe ein Haus gekauft."

Peter: „Tom has told me ***he`d bought*** *a house."*

Zusammengerechnet sind das also zusätzlich zu den BIG 5 weitere zehn Zeiten/Aspekte, die Du Dir anschauen kannst/solltest. Ich formuliere das bewusst so, denn **Du** entscheidest 1. was Du brauchst und nützlich findest 2. was Du aufnehmen kannst.

FAQ + TIPS
HÄUFIGE FRAGEN + TIPPS

Den wichtigsten Tipp, den ich Dir an die Hand geben möchte, ist dieser: Fokussiere Dich beim Lernen auf Deine ganz persönlichen Inhalte. Damit meine ich: Solange Du Dich nicht auf eine Englisch-Prüfung vorbereitest/vorbereiten musst, kannst Du die Themen für Deine Kommunikation frei wählen. Wähle Themen aus, über die Du sehr wahrscheinlich in der Praxis sprechen wirst. Suche Dir Texte zu diesem Thema zum Lesen, höre Podcasts oder schau einen Film, eine Serie oder Dokumentation an.

Q Wie erziele ich schnelle Fortschritte?
Finde zunächst heraus, wo Du stehst. Was kannst Du bereits gut? Was kannst Du noch nicht? Wieviel Zeit hast Du zur Verfügung? Gibt es ein konkretes Ziel, z.B. ein Vorstellungsgespräch auf Englisch in absehbarer Zeit?
Erstelle einen Zeitplan und/oder eine Lernliste: Wieviel Zeit bist Du bereit, wöchentlich zu investieren? Bleibe realistisch! Was Du schaffen möchtest, ist, Deine Motivation zu erhalten, denn ohne diese geht es nicht. Du wirst immer Gründe finden, warum Du *heute* nicht lernen kannst. Dieser Punkt – motivieren – spielt in einem 1:1 Coaching eine große Rolle. Ich bin dann online und warte auf Dich. Ich leite Dich an und motiviere Dich von Stunde zu Stunde.

Q Wie lerne und behalte ich neues Vokabular?
Nutze gerne eine Kladde oder App, in die Du Vokabeln hineinschreibst oder eingibst. Leider, leider ist es bei neuem

Vokabular wie es schon immer war: wiederholen, wiederholen, wiederholen. Je öfter Du das machst, umso leichter wird es Dir fallen. Es gibt viele Apps, die Dich automatisch daran erinnern *Hey, es ist Zeit, Deine Vokabeln zu wiederholen!* Das ist praktisch, kann aber auch nerven. Finde heraus, welches der beste Weg für Dich ist. Du kannst Dich auch von englischen Podcasts berieseln lassen. Tatsache ist: Wenn Du Dich mit neuen Wörtern nicht befasst, ist es unwahrscheinlich, dass Dein Gehirn sich *mir nichts, dir nichts* an sie erinnern kann.

Q Warum sprechen alle um mich herum besser Englisch?
Viele Deiner Kolleg/innen waren vielleicht einmal eine Zeitlang im Ausland, und sei es nur zu einem Schüleraustausch, oder haben sich schon in der Sprache weitergebildet. Tatsächlich macht es einen Riesenunterschied, ob Du Dich länger in einem englischsprachigen Umfeld aufgehalten hast – oder eben nicht. Das ist jedoch kein Grund für Frust, denn Du bist damit nicht alleine. Es könnte ein Ansporn für Dich sein und Du könntet Deine Kolleg/innen bitten, mehr auf Englisch mit Dir zu kommunizieren. Du kannst ständig dazulernen.

TIPP Überlege, welche englischen Begriffe Du bereits täglich verwendest – ohne dass es Dir bewusst ist: *User, Position, Information, Jetleg* etc. Lege eine Liste an – Du wirst überrascht sein, wie lang die Liste ist und diese Reflektion hilft Dir vielleicht, Dich an mehr Wörter zu erinnern.

TIPP Drucke Texte Deiner Lieblingslieder auf Englisch aus und singe mit! Das schult Aussprache, Gedächtnisleistung und Sprech-Flüssigkeit.

TIPP Hast Du Kontakt zu Personen, die kein Deutsch sprechen? Könntest Du mit ihnen kommunizieren z.B. auf den sozialen Medien oder über eine App? Just do it – nimm einfach jede Gelegenheit wahr, die sich Dir bietet. Denn oft fehlt es Lernenden vor allem an Gelegenheiten, überhaupt in die Situation zu kommen, Englisch zu sprechen.

TIPP Schaust Du Serien? Warum nicht auf Englisch – mit Untertiteln?

TIPP Mache Englisch zu einem Bestandteil Deines Lebens. Bei keiner anderen Sprache schätze ich die Möglichkeiten als so optimal ein. Englisch findet sich überall.

COMMON IRREGULAR VERBS
HÄUFIGE UNREGELMÄßIGE VERBEN

Infinitiv	2. Form Simple Past	3. Form Partizip Perfect	
to be	was/were	been	sein
to become	became	become	werden
to begin	began	begun	beginnen
to bite	bit	bitten	beißen
to bring	brought	brought	bringen
to break	broke	broken	(zer)brechen
to build	built	built	bauen
to buy	bought	bought	kaufen
to catch	caught	caught	fangen
to come	came	come	kommen
to do	did	done	tun, machen
to drink	drank	drunk	trinken
to drive	drove	driven	fahren
to eat	ate	eaten	essen
to fall	fell	fallen	fallen
to feel	felt	felt	fühlen
to find	found	found	finden
to fly	flew	flown	fliegen
to forget	forgot	forgotten	vergessen
to get	got	got	bekommen
to give	gave	given	geben
to go	went	gone	gehen
to have	had	had	haben
to hear	heard	heard	hören
to hide	hid	hidden	verstecken
to hit	hit	hit	schlagen
to hold	held	held	halten

Infinitiv	2. Form Simple Past	3. Form Partizip Perfect	
to hurt	hurt	hurt	verletzen
to keep	kept	kept	behalten
to know	knew	known	wissen
to lay	laid	laid	legen
to lead	led	led	(an)führen
to lend	lent	lent	leihen
to let	let	let	(zu)lassen
to lie	lay	lain	liegen
to light	lit	lit	anzünden
to lose	lost	lost	verlieren
to make	made	made	machen
to mean	meant	meant	bedeuten
to meet	met	met	treffen
to pay	paid	paid	bezahlen
to put	put	put	legen
to read	read	read	lesen
to ride	rode	ridden	reiten
to ring	rang	rung	anrufen
to run	ran	run	laufen
to say	said	said	sagen
to see	saw	seen	sehen
to sell	sold	sold	verkaufen
to send	sent	sent	senden
to sing	sang	sung	singen
to sit	sat	sat	sitzen
to speak	spoke	spoken	sprechen
to spend	spent	spent	ausgeben
to stand	stood	stood	stehen
to swim	swam	swum	schwimmen
to take	took	taken	nehmen

Modalverb	im Past
can	could
must	had to
will	would

ABOUT ME
ÜBER MICH

Ich bin Englisch-Coach, Journalistin, Autorin und Übersetzerin. Ich habe für große Unternehmen, darunter Deutsche Bank, McKinsey & Company und Wordbank London, gearbeitet – in England, Budapest und Wien. Ich war als Projektleiterin tätig, habe Anglistik, Politikwissenschaften und Amerikanistik studiert und für Wirtschaftszeitungen (Financial Times Deutschland, Ärzte Zeitung, Lloyd`s List, Insurance Day) Artikel auf Deutsch und Englisch veröffentlicht. Ich spreche ganz passabel Spanisch und lerne zurzeit, mich auf Niederländisch zu verständigen. Kurzum: ich habe Sprach-, Auslands- und Berufs-Erfahrungen.

ENGLISCH. Es hat mich selbst überrascht, dass Englisch so sehr in den Fokus meiner Arbeit gerutscht ist. Denn als junge Berufstätige war Englisch – wie für viele Menschen heute – eine notwendige Kompetenz, die mir helfen sollte, beruflich voranzukommen. Ich war Anfang zwanzig, arbeitete bei einer Bank und träumte davon, eine Zeitlang ins Ausland geschickt zu werden. Das hat leider nicht über die Bank geklappt, aber doch auf eigene Initiative. Ich kündigte meinen Job und verbrachte zwei Jahre in England.

Danach waren meine Englischkenntnisse überall gefragt: sei es als studentische Hilfskraft an der Uni, während meines Volontariats, später bei einem Auftrag in Budapest und auch als ich in Wien lebte. Dort begann ich, Nachhilfe zu geben und Kurse anzubieten, um Menschen mit Englisch zu helfen.

Dabei legte ich von Anfang an einen Schwerpunkt darauf, dass ich nach Informationen suchte, die für Lernende besonders vorrangig schienen, um an Sicherheit zu gewinnen. Ich stellte schnell fest, dass viele Fragen und Unsicherheiten sehr ähnlich waren und die fünf grundlegenden Zeiten, BIG 5, kristallisierten sich mit ihren jeweiligen Schwierigkeiten für deutsche Muttersprachler/innen für mich heraus. Diese Themen schienen mir sehr zentral zu sein und wichtige Aspekte zu enthalten, um Lernenden mehr Sicherheit zu geben. Als Journalistin war der Weg nicht mehr weit, über Themen der englischen Grammatik zu schreiben.

Sie finde es „bemerkenswert", sagte mir eine Kundin vor kurzem. Auf meine Frage, was genau sie meine, antwortete sie „Dass Sie als Deutsche englische Grammatikbücher schreiben." Vielleicht ist es für manche/n bemerkenswert, für andere abwegig. Tatsache ist: Meine Sichtweise als Deutsche hilft Lernenden zu verstehen, warum manche Aspekte schwierig zu sein scheinen.

Glaube mir, ich habe all die Stationen durchlaufen, die Du als Lernender durchläufst – von dem Gefühl, nicht gut genug zu sein über Tage, an denen kein Satz so richtig aus meinem Mund kommen wollte bis zu dem Punkt, als ich endlich – in England – ans Sprechen kam. In den vergangenen fünf Jahren habe ich die englische Grammatik von vorne, hinten, oben und unten beleuchtet, um keine Unwahrheiten zu verbreiten. Ich habe mich bei Engländer/innen rückversichert, mit denen ich im ständigen Austausch stehe. Ich konsumiere mit Begeisterung Bücher von amerikanischen Grammatik-Nerds. Ich kann sagen, dass ich mich mit englischen Regeln und Begriffen um ein Vielfaches besser auskenne als mit den Regularien der deutschen Sprache. Natürlich weiß ich deutsche Grammatik anzuwenden, aber ich könnte sie Dir nicht erklären! Und vielen englischen Muttersprachler/innen geht es ganz genauso.

Hinzu kommt etwas, das mich das Leben gelehrt hat: Es lohnt sich, ungewöhnlichen Wege zu gehen. Als mich die Bank nicht ins Ausland schicken wollte, musste ich eine Alternative auf eigene Faust finden, ohne finanzielles Netz. Auf die Sprachprüfung in England bereitete ich mich selbständig vor, nachdem mir eine Sprachschule empfohlen hatte, zwei Jahre lang Vorbereitungskurse zu besuchen. Ich brauchte drei Monate.

Im Anschluss an den England-Aufenthalt war es meine eigene Überzeugung, die mir den Weg an die Universität ebnete, auch ohne Abitur in der Tasche und trotz Meinung aller um mich herum: *Das geht nicht!*

Unterschätze Deine Lernenden nicht! Das ist mein Credo. Ich kann erst wissen, was Du weißt, wenn ich nachgefragt und dein Wissen über Zeiten *abgecheckt* habe.

So beginnt jedes Training mit mir: Ich verschaffe mir ein Bild davon, was Lernende bereits können und suche ganz gezielt nach Wissenslücken, wo Unterstützung vonnöten ist.

Und sehr oft – wirklich fast immer – erlebe ich, dass es bei den BIG 5 Wissenslücken gibt. Daher gibt es dieses Buch.

ACKNOWLEDGEMENTS
DANKE

Ich danke meiner Familie für die Möglichkeit, dass ich schreiben darf. Ihr habt schon beim ersten Buch zurückgesteckt, mittlerweile habt Ihr Euch an meine Projekte gewöhnt. Meinem Mann Dirk danke ich für sein offenes Ohr, seine große Zuwendung und Wertschätzung.

Ich danke Rebecca Deacon für Ihr großzügiges Angebot, meine Inhalte zu lesen. Danke Rebecca! Das war mir eine große Hilfe. Ganz besonders habe ich mich über Deinen Kommentar zur Auswahl der Tiere gefreut: *´I also like your choice of animal for each tense. Elephant – present simple: reliable, solid, continuous. Leopard – present continuous: on the move. Rhino – simple past: hard, stubborn, can`t change it. Lion – present perfect: complex, very tricky but rather beautiful. Buffalo – will-future: strong and diverse. Brilliant!`*

Des Weiteren bin ich sehr dankbar für die vielen wertschätzenden Coachees und Lernenden, mit denen ich über die Zeit arbeiten durfte. Nur in diesen Begegnungen konnte sich herausbilden, was ich hier aufgeschrieben habe – und der Lernprozess geht, auch für mich, immer weiter.

Zuletzt danke ich Carol und David Cook aus Malvern, Worcestershire. Sie haben mir die Tür 1994 weit geöffnet und Carol hat nicht lockergelassen, mich zu korrigieren. „Weil Du so gut bist," sagte sie dann immer (auf Englisch natürlich!) Ich hatte so eine tolle Zeit mit euch! Danke.